Dieses Buch wurde auf chlor- und säurefreiem Papier gedruckt.

Originalausgabe Dezember 1993
© 1993 Droemersche Verlagsanstalt Th. Knaur Nachf., München
© 1992 Narego AG
Herausgegeben von E. Gambsch
Umschlagillustration: Dietmar Grosse
Satz: IBV, Berlin
Reproduktion: Amper Repro, Germering
Druck und Bindung: Ebner Ulm
Printed in Germany 5 4 3 2 1
ISBN 3-426-02652-X

E. Gambsch (Hrsg.)

Die 300 besten Touristen-Witze

Inhalt

»Hätten wir das Hotel etwa ›Betonblick‹ nennen sollen?«

oder

Vom Touristen-Traum zum Alptraum

Der Urlauber ist stocksauer. »Was heißt hier Hotel ›See-blick‹? Ich sehe nichts als Beton, weit und breit nur Riesen-betonhaufen!« wütet er.

Der Empfangschef zuckt die Achseln. »Zugegeben – aber hätten Sie es ›Betonblick‹ genannt?«

*

Weppelmann verlangt seinen Zimmerschlüssel im Ho-tel.

»Sind Sie hier Gast?« fragt ihn der Portier.

»Nein«, erwidert Weppelmann, »pro Nacht muß ich ein-hundertsiebzig Mark bezahlen.«

Es erklärte die Ehefrau:

»Mich kriegst du in kein Flugzeug mehr! Hier in der Zeitung steht, daß die Fluggesellschaften im letzten Jahr über zwanzig Prozent ihrer Fluggäste verloren haben.«

Ein Mann mit vier Kindern sitzt im Intercity-Abteil. Ein einziges Geschrei, Gejohle und Herumgeturne. Einem älteren Fahrgast platzt der Kragen.

»Wenn Sie nicht augenblicklich hier für Ruhe sorgen, krie-gen Sie Ärger!« raunzt er den Vater an.

»Lieber Himmel!« Der Vater lacht gequält. »Meine Klein-ste hat gerade in die Hose gemacht, der Volker hat unsere Fahrkarten zerrissen, meine Frau ist beim Umsteigen ver-schwunden, und gerade habe ich festgestellt, daß wir im falschen Intercity sitzen. Also – was soll ich da noch für Ärger kriegen?«

»Ich brauche ein Zimmer«, ruft der Urlauber in dem über-
füllten Badeort an der Riviera an, »und wenn es noch so
klein ist.«
»Wir werden sehen, was sich machen läßt«, sagt die Pensionswirtin. »Geben Sie uns auf alle Fälle Ihre genauen
Körpermaße durch.«

Es schimpfte der Feriengast:

»Das ist hier aber ein stinklangweiliges Nest. Hier ist
ja überhaupt nichts los!«
»Erlauben Sie mal! Nächste Woche haben wir eine
Mondfinsternis.«

Endlich geschafft. Die beiden stehen auf dem Bahnsteig,
und sie zählt die Gepäckstücke.
»Drei Koffer, zwei Reisetaschen, eine Fototasche – es fehlt
nur noch das Sofa.«
»Das Sofa? Soll das ein Witz sein?« fragt er.
»Nein, absolut nicht. Auf dem Sofa liegen unsere Fahrkarten.«

*

Frau Wiesbeck kann im Schlafwagen nicht einschlafen,
weil im Abteil nebenan ein Mann ganz fürchterlich
schnarcht. Sie klopft an die Wand – Stille. Aber kurz darauf geht das Schnarchen wieder los. Sie klopft – Stille.
So geht das weiter: Schnarchen und Klopfen, bis es von
nebenan tönt: »Nun hören Sie endlich auf! Ich habe Sie
beim Einsteigen gesehen, und Sie sind nun mal nicht mein
Typ!«

Brandner kommt ins Reisebüro und erkundigt sich: »Können Sie mir einen stillen, abgelegenen Ort empfehlen, den niemand kennt?«
»Tut mir leid«, sagt die junge Reisekauffrau, »die unbekannten Orte sind schon alle ausgebucht.«

*

Pfeiffer fällt tief aufseufzend in seinen Sessel und sagt zu seiner Frau: »Die Kinder sind glücklich bei der Oma, der Hund ist in der Hundepension, der Papagei bei deiner Schwester und mein Chef in der Karibik. Jetzt verrat mir doch bloß mal, wozu wir eigentlich noch in Urlaub fahren sollen!«

Es fragte der Kollege:

»Und wo waren Sie während Ihres Urlaubs?«
»Zwei Tage im Stau und fünf Tage in Italien.«

»Was ist denn nun das Individuelle an Ihren Reisen, von dem im Prospekt ständig die Rede ist?« fragt der enttäuschte Urlauber.
»Die Gäste«, erwidert der Reiseleiter. »Jeder meckert über etwas anderes.«

*

Das Hotel ist völlig überbelegt. Doch freudestrahlend verkündet der Empfangschef dem Pärchen, das in einer Badewanne übernachten muß: »Ich kann Sie trösten, ab morgen wird's schon besser. Da wird der Billardtisch frei...«

Frau Wiesbeck steigt in Köln in den Autobus. Sie setzt sich, faltet eine Karte von Australien auf und beginnt darin zu studieren.
Ihr Platznachbar schaut eine Weile nachdenklich zu, dann fragt er vorsichtig: »Sind Sie sicher, daß Sie im richtigen Bus sind?«

*

Auf der Urlaubsreise wechseln sie sich gegenseitig beim Autofahren ab. Sagt er zu ihr: »Liebling, laß mich wieder ans Steuer – ich muß mich etwas entspannen.«

Es fragte der Clubkamerad:

»Wo haben Sie denn so hervorragend tauchen gelernt?«
»Im Urlaub am Mittelmeer. Mein Gläubiger hat da auch Ferien gemacht.«

Der Firmenchef hat sich endlich losgeeist und liegt am Strand. In Urlaubslaune ist er allerdings ganz und gar nicht.
Gereizt sagt er zu seiner Frau: »Wie soll ich mich entspannen und mir einen guten Tag machen, wenn alle meine Angestellten im Büro jetzt genau das gleiche tun?«

*

»Na, wie war's denn diesmal in Marokko?«
»Irrsinnig heiß! Die Hühner bekamen sogar Eis zu fressen, damit sie keine gekochten Eier legten!«

Ein Mann ist im Urlaub plötzlich gestorben. Seine Leiche wird nach Hause überführt und zur Trauerfeier aufgebahrt.

Flüstert einer der Trauergäste der Witwe zu: »Wie gut er aussieht!«

»Kein Wunder«, flüstert die Witwe zurück, »er kommt ja auch direkt aus dem Urlaub!«

Es sagte der Tourist:

»Hotelwände sind selten ideal.«
»Wieso?«
»Wenn man schlafen will, sind sie zu dünn – und will man lauschen, sind sie zu dick.«

»Das ist ja unerhört!« schimpft der Urlauber lautstark nach der ersten Nacht in dem kleinen Hotel. »So was ist mir noch nie vorgekommen. In meinem Zimmer sind ja Wanzen unter den Tapeten!«

Der Hotelbesitzer sieht sich den Gast genau an, dann sagt er: »Hören Sie mal, was suchen Sie eigentlich unter meinen Tapeten?«

*

Ein weiblicher Hotelgast, gerade erst auf Mallorca angekommen, fühlt sich in der Nachtruhe gestört, weil im Nebenzimmer ein heftiger Skat gedroschen wird. Schließlich donnert sie empört an die Wand.

Dröhnt eine Männerstimme zurück: »Das ist aber 'ne verdammt schlechte Zeit, um hier Bilder aufzuhängen!«

Zottmann ist gerade von seiner langen Urlaubsreise zurück und packt seine Koffer aus. Da klingelt es. Der Gerichtsvollzieher steht draußen.

»Mann«, sagt Zottmann erschüttert. »Sagen Sie mal, machen Sie eigentlich nie Urlaub?«

*

»Hören Sie mal«, beschwert sich der Gast beim Hotelmanager, »hier gibt's ja kaum Schnee, und trotzdem heißt es im Wintersportbericht, in Ihrem Ort liegen fünfzig Zentimeter.«

»Stimmt, mein Herr, aber in diesem Jahr messen wir die Länge!«

*

Zwei Männer mit Gipsbein begegnen sich im Wintersporthotel.

»Abfahrtslauf?« fragt der eine.

Sagt der andere: »Nein, Barhocker.«

*

»Die Nächte im Hotel auf Sizilien sind mir unvergeßlich. Ich habe kaum eine Stunde Schlaf gefunden!«

»Echt sizilianische Leidenschaft, was?«

»Nein, Sonnenbrand.«

*

»Herr Wirt, wollen Sie sich bitte mal mein Zimmer ansehen. Das sieht ja aus, als sei da ein Jahr lang nicht mehr saubergemacht worden!«

»Das dürfen Sie mir nicht vorwerfen«, wehrt der Wirt ab. »Ich habe das Hotel erst vor drei Monaten übernommen.«

Haslinger möchte einen Kurzurlaub in den Bergen verbringen. Zu seinem grenzenlosen Ärger steht er auf der Autobahn in einem Stau, der sich nur im Schneckentempo zu lichten beginnt. »Verdammter Mist«, knurrt Haslinger, »jetzt, wo ich drangekommen wäre, ist mein Urlaub zu Ende!«

Es fragte der Kollege:

»Wie war's im Urlaub?«
»Genau wie im Büro. Man saß herum, tat nichts und wartete auf das Mittagessen.«

Der Familienvater erklärt die Urlaubsreise vorerst für beendet.
»Alles aussteigen! Hier ist der ideale Campingplatz. Eine Milliarde Stechmücken können nicht irren!«

*

Der Feriengast ist enttäuscht. »Sie haben mir geschrieben, daß ich vom Fenster des Zimmers einen kilometerweiten Ausblick habe. Und jetzt sehe ich auf einen tristen Hinterhof.«
Sagt der Wirt: »Ich bitte Sie, wenn Sie geradeaus schauen! Nach oben müssen Sie schauen, nach oben!«

*

»Ich habe mich im Urlaub dreimal täglich eingeölt.«
»Hatten Sie so viel Sonne?«
»Das nicht – aber der Regen lief so viel besser ab!«

Das Ehepaar fährt in den Skiurlaub. Fragt die erwachsene Tochter, als sie sich von den Eltern verabschiedet: »Soll ich euch die Post wie jedes Jahr wieder ins Krankenhaus nachsenden?«

*

Tourist am Fahrkartenschalter. »München zweiter Klasse, mit Platzkarte. Aber einen Eckplatz in Fahrtrichtung, Nichtraucher, und bitte nicht über den Rädern, aber in der Nähe der Toilette«, verlangt er.
»Eine Zwischenfrage«, unterbricht der Beamte. »Wo hätten Sie gern die Notbremse? In Hüft- oder in Kopfhöhe?«

Es fragte der Kollege:

»Wie waren bei Ihnen denn die Preise im Urlaub?«
»Oh, noch höher als die Berge. Und bei Ihnen an der See?«
»Noch gesalzener als das Wasser.«

Ein Autofahrer erreicht die Côte d'Azur und wird von einem Streifenwagen gestoppt.
»Sie fahren ohne Rücklicht!«
»Was?« fragt der völlig übermüdete Autofahrer, stürzt aus dem Wagen, läuft nach hinten und stößt einen Entsetzensschrei aus.
»So schlimm ist das doch auch wieder nicht«, meint der Polizist.
»Für Sie nicht«, stöhnt der Autofahrer. »Für mich bedeutet das den Verlust eines Campingwagens, meiner Frau und meiner drei Kinder!«

Der Lärm auf dem Hotelflur nimmt kein Ende. Schlaflos wälzt sich der Tourist in seinem Bett hin und her. Schließlich beschwert er sich telefonisch beim Nachtportier. »Tut mir leid, mein Herr«, sagt der, »aber wir können die Feuerwehr nicht zwingen, leiser zu löschen.«

Es erzählte der Tourist:

»Anfangs war alles super in dem großen Hotel auf Barbados. Wir hatten die Zimmernummer einhundert. Doch dann fiel die Eins runter – und von da an war jede Nacht die Hölle los!«

»Wer kann mir ein schönes Beispiel für ein Reisesouvenir nennen?« fragt die Lehrerin.
Darauf Hansi: »Mich.«
»Daran habe ich im Augenblick aber nicht gedacht«, sagt die Lehrerin etwas verwirrt.
Darauf noch einmal Hansi: »Daran hat meine Mutter in dem Augenblick auch nicht gedacht.«

*

Völlig zerschlagen und müde kommt Willhold vom Urlaub ins Büro zurück.
»Natürlich hatte ich wieder die verkehrten Sachen mit in den Urlaub genommen!« kommentiert er seine Verfassung.
»Was für Sachen denn?« wollen die Kollegen wissen.
»Na, meine Frau und die Kinder!«

Sauerbach kommt aus dem Urlaub zurück. Es war ein total verregneter Sommer.

Fragt ein Freund: »Na, wie war der Urlaub?«

»Prima. Danke der Nachfrage«, erklärt Sauerbach ironisch. »Der Regenwechsel hat mir richtig gutgetan!«

**»Wenn heute Montag ist, dann ist das
da draußen Genua!«**

oder

Typisch Tourist!

Seehofer kommt ins Reisebüro.
»Ehe ich Ihnen meine Reisewünsche verrate, sagen Sie mir offen und ehrlich: Wo sind in diesem Jahr die anderen Yuppies?«

*

Das Ehepaar hat eine zweiwöchige Kreuzfahrt gebucht.
Fragt sie morgens: »Welchen Wochentag haben wir heute, Karlheinz?«
»Montag.«
»Dann ist das da draußen Genua.«

Es schwärmte die Freundin:

»Ich hatte einen wahren Traum-Urlaub auf Lanzarote!«
»Ja? Wo liegt denn das?«
»Weiß ich nicht – wir sind geflogen.«

Nach der vierwöchigen Weltreise studiert das Ehepaar die Kofferaufkleber.
Plötzlich ruft sie: »Oh, wie schön – in Las Vegas waren wir auch!«

*

Zwei Touristen treffen sich in Paris. Als sie in einem Bistro sitzen, fragt der eine: »Haben Sie schon die Mona Lisa im Louvre bewundert?«
Der andere schüttelt den Kopf. »Nein, noch nicht. Wann tritt sie denn auf?«

Ein amerikanischer Millionär fliegt im eigenen Düsenjet um die Welt.

»Sehen Sie, Sir – das da unten ist Irland«, ruft ihm der Pilot zu.

Darauf der Amerikaner: »Die Einzelheiten können Sie sich sparen. Die Kontinente genügen mir völlig.«

Es fragte der Kollege:

»Wie war's im Urlaub?«
»Schön. Nur die Rheinländer sind mir auf die Nerven gegangen.«
»Warum fährst du dann an den Rhein?«
»Wer redet vom Rhein? Ich war doch auf Mallorca!«

In einer Hand eine Tüte Pommes, in der anderen ein Würstchen, will Würbser den Bus besteigen.

»Aber, aber«, wehrt der Fahrer ab, »das ist doch hier kein Speisewagen!«

»Weiß ich«, erklärt Würbser, »deshalb hab' ich mir mein Essen ja auch mitgebracht.«

*

Retzbach ist in Afrika gewesen.

»War das nicht schrecklich heiß?« wird er gefragt.
»Und wie!« bestätigt er.
»Wo genau warst du denn?«
»Zehn Kilometer vom Äquator.«
»Nördlich oder südlich?«
»Nördlich.«
»Na, dann geht es ja noch.«

Bei einem Aufenthalt in Florenz sagt der Ehemann zu seiner Gattin:
»Heute beim Mittagessen hast du dich wieder schön blamiert. Botticelli ist doch kein Wein, das ist doch ein Käse!«

*

Die Damen beim Bridge sind beeindruckt.
»Und Sie haben tatsächlich alle französischen Kathedralen gesehen?« fragt die eine.
»Gesehen nicht, aber fotografiert.«

Es stand an der Hotelrezeption:

Die Gäste, die silberne Bestecke, Handtücher und anderes Eigentum des Hotels entwenden möchten, werden gebeten, möglichst diskret vorzugehen, damit der gute Ruf unserer Gäste nicht leidet!

Zwei spanische Kinder blättern einen prächtigen bebilderten Kunstband durch.
»Schau mal«, ruft plötzlich das eine und zeigt auf die nackten Leiber, von Rubens gemalt. »Touristen, lauter Touristen!«

*

»Was? Sie haben Rom in drei Tagen kennengelernt? Wie haben Sie denn das gemacht?«
»Ganz einfach: Meine Frau hat die Ruinen und Kirchen besichtigt, meine Tochter die Galerien und ich die Wirtshäuser.«

Völlig außer Atem erreicht der Tourist den Steg für das Boot nach Capri, schleudert sein Gepäck auf die fünf Meter vom Kai entfernte Fähre und springt hinterher. Mit letzter Kraft zieht er sich hoch und schnauft: »Geschafft!«
»Das schon«, meint der Schiffsjunge, »aber Sie hätten doch warten können, bis wir angelegt haben!«

*

Die deutsche Touristin bewegt sich ausgesprochen vorsichtig in dem nordamerikanischen Indianerreservat.
»Sie – Sie sind Indianer?« erkundigt sie sich.
»Ja, Madam.«
Sie scheint irritiert. »Ach, und ich dachte, Indianer haben Federn.«
»Stimmt«, erwidert die Rothaut, »aber ich bin gerade in der Mauser.«

*

»Na, wie war es in Italien?« fragt Karl seinen Freund Stefan.
»Es war einfach toll«, schwärmt dieser.
»Und wie hast du Rom gefunden?«
»Ganz einfach. Wir hatten ja eine Autokarte dabei.«

*

Das Ehepaar steht an dem mächtigen Wasserfall. Donnernd ergießt sich das Wasser ins Tal. Sie ist fasziniert.
»Ist das nicht gewaltig und erhaben?« ruft sie ihrem Mann ins Ohr. »Ein Naturschauspiel, wie man es nur selten sieht!«
»Was du immer hast!« ruft er zurück. »Los, laß uns weitergehen, hier versteht man ja nicht einmal mehr seinen Recorder!«

»Nun zeigen Sie uns doch bitte noch das Domrestaurant, Herr Küster!«
»Bedaure, hier gibt es kein Restaurant.«
»Aber im Prospekt steht doch: Restauration des Doms seit zwölf Jahren im Gange!«

*

Im Urlaub macht Familie Hässler einen Rundflug mit einem Hubschrauber. Alle sind begeistert, nur Oma nicht. Sie ruft dem Piloten zu: »Sie, hier drinnen zieht's. Könnten Sie den Ventilator auf dem Dach nicht abstellen?«

Es sagte die Ehefrau:

»Hier eine Postkarte von den Seewalds aus Las Palmas. Es regnet in Strömen bei ihnen. Das bedeutet für uns zweihundert Las-Palmas-Dias, die wir uns nicht ansehen müssen...«

Braungebrannt taucht die Sekretärin wieder im Büro auf.
»Wie war es denn auf Sizilien?« fragt die Kollegin.
»Ach, einfach traumhaft.«
»Haben Sie denn keine Andenken mitgebracht?«
»Doch, doch. Aber mein Mann hat sie unterwegs alle ausgetrunken.«

*

»Paß auf, daß du nicht unter die Reeder kommst!« sagte die Mutter zu ihrer Tochter, die allein in Urlaub nach Griechenland fuhr...

Ein Hundebesitzer schreibt an ein Hotel und bittet, ihm für zwei Wochen ein Zimmer zu reservieren. Außerdem erkundigt er sich, ob es gestattet sei, Hunde mitzubringen.

Hunde sind uns willkommen, schreibt die Hoteldirektion zurück, *sie putzen sich die Schuhe nicht an den Vorhängen ab, brennen keine Löcher in die Bettwäsche, lassen nach zehn Uhr kein Badewasser ein, klauen keine Löffel und werfen keine Asche auf den Teppich ...*

Es fragte der Tourist:

»Können Sie Fotos auch bis zur natürlichen Größe vergrößern?«
»Selbstverständlich.«
»Wunderbar, ich habe hier nämlich ein Dia vom Matterhorn.«

Huber kommt von einem Urlaub aus den USA zurück. Fragt ihn ein Freund: »Wie hat es dir denn drüben gefallen?«
»Ach, im großen und ganzen recht gut, nur zwei Dinge haben mich gestört. Erstens die Rassendiskriminierung und zweitens diese verdammten Nigger, Vietnamesen und Japaner, denen man überall begegnet.«

*

In Rio sagt ein Reiseleiter zu seiner Gruppe: »Und das ist der Zuckerhut.«
Rufen alle Touristinnen wie aus einem Mund: »Also, ist der süüüüß!«

Mosler fährt in die Schweiz. Am Vierwaldstätter See macht er Rast.

Der Hotelier erklärt ihm die Bergsilhouette: »Der Berg da drüben ist der Pilatus, und neben ihm –«

Mosler unterbricht ihn: »Weiß schon, weiß schon, der andere ist der Pontius...«

*

Trommeln dröhnen im afrikanischen Busch.

»Sind das Kannibalen oder gibt es Krieg?« will ein Safari-Teilnehmer wissen.

»Nein, nein!« beruhigt ihn der Reiseführer. »Es ist nur das Signal an die Frauen des Stammes: Kleider runter, Preise rauf – Touristen kommen!«

*

Der Tourist hat bei seiner Rückkehr ein seltenes Prachtexemplar von Papagei bei sich. An der Grenze verlangt man einen hohen Zoll dafür.

»Wenn Ihr Papagei tot und ausgestopft wäre, könnten Sie ihn zollfrei einführen«, meint der Zollbeamte.

Der Tourist zieht die Augenbrauen hoch, überlegt und fährt sich nachdenklich übers Kinn.

Da krächzt der Papagei aufgeregt: »Mach keinen Quatsch! Rück die Moneten raus!«

*

»Na, wie war der Urlaub?«

»Äußerst mäßig.«

»Wieso? Ich denke, das Hotel war first class, das Essen super und das Wetter prima?«

»Ja, schon, aber der Fernseher im Zimmer hatte ein katastrophales Bild!«

30

»Dieses Jahr nehmen wir unseren tragbaren Fernseher mit nach Spanien.«

»Wieso, gibt es denn in eurem Hotel keinen Fernsehapparat?«

»Doch, bestimmt gibt es den, aber wir verstehen kein Spanisch!«

*

Elfriede erzählt begeistert: »Wir waren diesmal in Italien.«

»Und wir«, sagt ihre Freundin, »waren auf einer Weltreise. Aber es hat uns nicht gefallen. Nächstes Jahr fahren wir dann doch lieber woanders hin.«

»Getrennte Schiffe und Routen für mich und meine Frau!«

oder

Im Urlaub ist noch längst nicht alles anders

Aumann kommt ins Reisebüro.

»Ich möchte für mich und meine Frau gern eine Kreuzfahrt buchen.«

»Getrennte Betten? Oder gar getrennte Kabinen?«

»Getrennte Schiffe und Routen, bitte!«

*

Die Familie schmiedet Urlaubspläne. Meint der Sohn: »Ich möchte jetzt mal irgendwohin, wo ich lange nicht mehr war.«

Der Vater fixiert seinen Sohn mit hochgezogenen Augenbrauen und brummt: »Dann geh mal zum Friseur!«

Es lockte die Ehefrau:

»Liebling, laß uns doch Urlaub auf Teneriffa machen.«

»Das geht doch nicht, Katrin. Wir müssen an unsere Schulden denken.«

»Aber das können wir doch auch auf Teneriffa.«

»Himmel, das ist ein schwerer Abschied!« keucht Stolzmann, als er die Koffer seiner Frau zum Bahnhof schleppt.

*

Der Urlaub ist vorbei, die Urlaubsdias werden vorgeführt. Dobler hat gerade das nächste eingelegt – Sonne, Palmen, weißer Strand – und sagt:

»Und die Unscharfe da – das ist meine Frau!«

Wolters machen Urlaub in Afrika. Bei einem Spaziergang außerhalb des Eingeborenendorfes überfällt Frau Wolter plötzlich kalte Angst. »Heinrich«, flüstert sie, »wenn jetzt ein riesiger Gorilla aus dem Urwald kommt, mich packt und mitschleppt?«

»Quatsch«, knurrt Heinrich, »so dämliche Gorillas gibt's gar nicht!«

Es fragte die Ehefrau:

»Sag mal, Herbert, fährt der Zug schon?«
»Glaubst du vielleicht, deinetwegen würden die Häuser vorbeigetragen?«

Der Ehemann ist allein in Urlaub gefahren. Seine Frau hatte eigentlich nichts dagegen, aber jetzt sind ihr doch Bedenken gekommen.
Schnell telegrafiert sie ihm: *Vergiß nicht, daß du verheiratet bist!*
Die Antwort kommt postwendend: *Telegramm leider zu spät erhalten!*

*

Der Kollege betrachtet kopfschüttelnd den Stapel auf Reisachers Schreibtisch.
»Wozu brauchen Sie eigentlich so eine Riesenmenge von Prospekten aus dem Reisebüro, wenn Sie Ihren Urlaub doch immer zu Haus verbringen?« erkundigt er sich.
Erklärt Reisacher: »Ganz einfach, ich möchte genau wissen, wieviel Geld ich spare!«

Hugo hat seine Schwiegermutter mit auf die Urlaubsreise genommen. Als sie zum erstenmal im Meer steht, freut sie sich: »Schau mal, wie die Wellen mich umschmeicheln.« Brummt der liebende Schwiegersohn: »Na ja, Meerwasser soll einen schlechten Geschmack haben.«

*

Ein Börsenmakler macht mit seiner Frau Urlaub an der Nordsee. Während er die Kurse studiert, preist sie die Schönheiten der Natur.
»Schau dir das an! Die Flut steigt unaufhörlich!«
Darauf er, ohne aufzusehen: »Sofort kaufen!«

Es sagte der Kunde im Reisebüro:

»Ich suche für meine Frau einen Winterkurort in den Bergen. Haben Sie was Hübsches mit Lawinengefahr?«

Während der Hoteldiener das Gepäck ins Zimmer bringt, weil die Ehefrau auspacken will, macht ihr Mann einen Spaziergang. In der Nähe des Hotels spricht ihn ein Mädchen an und verspricht ihm für zweihundert Mark alle Freuden der Liebe.
»Tut mir leid«, sagt der Hotelgast, »ich habe keine zweihundert Mark einstecken.«
Später macht der Ehemann noch mit seiner Frau einen Spaziergang. Und da steht das Mädchen wieder an der Ecke.
Aufmerksam mustert sie die Ehefrau und zischt: »Hundert Mark hast du wohl einstecken gehabt!«

Möllner kommt in ein Reisebüro. »Was kostet eine Woche Paris?« erkundigt er sich.

»Wollen Sie allein fahren?«

»Nein, mit meiner Frau.«

»Je nach Hotelkategorie – etwa dreitausend Mark.«

»So viel? Da muß ich wohl doch allein fahren.«

»Dann rechnen Sie mit dem doppelten Betrag.«

*

»Diesmal war ich ohne meine Frau in Urlaub«, berichtet der Kollege.

»Und hast du wenigstens was mitgebracht?«

»Na klar, ein schlechtes Gewissen.«

*

Schimpft der Ehemann: »Wenn du beim Anziehen nicht so gebummelt hättest, hätten wir den Zug noch gekriegt!«

Kontert sie: »Und wenn du nicht wie ein Verrückter zum Bahnhof gerannt wärst, müßten wir nicht so lange auf den nächsten warten!«

*

Der Reiseführer erklärt den Urlaubern: »Hier im Hof der Burg wurde die letzte Hexe verbrannt.«

Murmelt einer aus der Reisegruppe mit einem Blick auf seine Frau: »Denkste!«

*

»Ich trage nicht nur die Verantwortung«, stöhnt er, »ich trage dich sogar auf Händen – und du willst nicht mal die Koffer tragen, Heidemarie!«

Lautenbacher fährt allein in Urlaub. Als er sich von seiner Frau verabschiedet, sagt sie ein bißchen traurig: »Bleib mir in dieser Zeit wenigstens treu, Liebling.«
»Sei ganz beruhigt«, meint er, »der Wunsch, dich zu betrügen, kommt mir nur, wenn ich dich sehe!«

*

»Wenn meine Frau in Urlaub fahren will, kommt sie mir vor wie ein guter Krimi«, sagt Gerlach.
»Wieso das denn?« fragt der Nachbar.
»Sie ist packend bis zum Schluß!«

Es seufzte die Ehefrau:

»Mein Mann kann einfach nicht abschalten. Selbst in den Urlaub nimmt er seine Sekretärin mit!«

Altmanns sind mit vollbepacktem Auto auf dem Weg in den sonnigen Süden. Ausweiskontrolle an der Grenze.
Der Beamte betrachtet etwas zweifelnd die Papiere und fragt: »Diese Dame ist wirklich Ihre Frau?«
Altmann steckt den Kopf zum Wagenfenster raus und sagt leise: »Beweisen Sir mir, daß sie's nicht ist – ich würde mich sehr erkenntlich zeigen!«

*

»Ich habe gehört, ihr fahrt dieses Jahr doch nicht nach Argentinien?«
»Ganz falsch. Nicht nach Argentinien sind wir im letzten Jahr gefahren. Dieses Jahr fahren wir nicht nach Hawaii.«

Weber kommt mit seiner Frau an die Riviera. Der Portier des Hotels sagt: »Wir haben nur noch das Hochzeitszimmer frei.«

Brummt Weber: »Das ist wohl nicht so ganz das richtige – wir sind schon dreißig Jahre verheiratet.«

Der Portier zuckt die Achseln. »So eng dürfen Sie das nicht sehen. Wir haben auch eine Bar, und das bedeutet noch lange nicht, daß Sie sich die ganze Nacht vollaufen lassen müssen.«

Es schrieb der Ehemann:

Liebe Olga, der Wind pfeift, das Meer tobt, und ich muß immer an dich denken...

Doris ist allein zum Skiurlaub gefahren. Am Wochenende kommt ihr Mann sie besuchen. Die Freude ist groß, und abends lieben sie sich, obwohl das Bett sehr störend ächzt und knarrt.

Ertönt eine wütende Stimme aus dem Nebenzimmer: »Jeden Abend das Geknarre! Können Sie denn nicht mal einen Tag Pause einlegen, zum Kuckuck!«

*

Endlich am Ziel. »Und wie gefällt dir nun die Atlantikküste?« erkundigt er sich.

»Phantastisch, Werner, ganz phantastisch. Diese Landschaft macht mich einfach sprachlos.«

»Wirklich sprachlos?«

»Ja.«

»Okay, dann bleiben wir hier drei Wochen!«

Ein Ehepaar macht Urlaub in England, in einem alten Schloß, in dem es angeblich spukt.

Nachts weckt sie ihn auf und flüstert: »Karl, im Nebenzimmer rumort es, sieh doch bitte mal nach.«

»Wieso denn ich?« knurrt er. »Du prahlst doch immer so mit deinem guten Englisch!«

*

Grubers fahren mit dem Zug von Hamburg in die Schweiz. Er hat auf Drängen seiner Frau Erste Klasse genommen. Während der Fahrt steht sie pausenlos draußen im Gang am Fenster. Endlich macht er seinem Ärger Luft.

»Wenn ich gewußt hätte, daß du dich nicht setzt, hätte ich doch nicht Erste Klasse genommen! Stehen kannst du Zweiter Klasse genauso bequem!«

Es sagte die Bridgepartnerin:

»Haben Sie schon mal getrennten Urlaub gemacht?«

»Ja, vor zwei Jahren. Es hat mir gut gefallen.«

»Und Ihrem Mann?«

»Keine Ahnung. Er ist noch nicht zurück.«

Nach seiner Rückkehr schwärmt der Urlauber in höchsten Tönen. »Wenn man so am Rand des Ozeans steht, dann wird einem schlagartig seine eigene Bedeutungslosigkeit bewußt.«

Antwortet sein Kollege: »Das Vergnügen habe ich wesentlich billiger jeden Abend, wenn meine Frau mit mir redet.«

Beim Urlaub auf dem Lande kommen die Feriengäste an einer Kuhherde vorbei.

»Schau mal, die begrüßen dich«, scherzt sie. »Wahrscheinlich Verwandte von dir.«

»Ja, das stimmt«, antwortet er, »aber angeheiratete!«

**»Achtung, letzte Tankstelle! Jede weitere
ist eine Fata Morgana!«**

oder

Die Tücken eines Abenteuer-Urlaubs

In einer Chartermaschine hört man kurz nach dem Start aus dem Bordlautsprecher: »Meine sehr verehrten Damen und Herren, der Kapitän begrüßt Sie im Namen der Fluggesellschaft sehr herzlich. Das Flugzeug wird von einem automatischen Piloten gesteuert; es kann also überhaupt nichts passieren, passieren, passieren, passieren...«

Es erzählte der Tourist:

»Wir waren in Marokko. In der Wüste wurden wir plötzlich von Marokkanern eingekreist. Vor uns Marokkaner, neben uns Marokkaner, hinter uns Marokkaner.«
»Und was habt ihr gemacht?«
»Wir haben den Teppich gekauft.«

Schild für Abenteuer-Touristen am Rande der Sahara:
Achtung, letzte Tankstelle! Jede weitere ist eine Fata Morgana!

*

Völlig genervt verläßt ein deutscher Tourist den Flughafen von Bangkok. Beim Zoll hat er ungeheuren Ärger gehabt. Da spricht ihn ein Einheimischer an.
»Wunderschöne Frau für ganze Nacht, Sir?«
»Mann, lassen Sie mich in Ruhe.«
»Vielleicht Mädchen für ganze Nacht, garantiert Jungfrau, ganz billig?«
»Sie sollen mich in Ruhe lassen, habe ich gesagt. Was ich will, ist der deutsche Konsul!«
»Oh«, sagt der Thai, »das wird schwierig sein, aber ich werde alles versuchen. Sicher nicht billig!«

Zwei Globetrotter haben sich im afrikanischen Busch verlaufen. Nach zwei Stunden begegnen sie endlich einem Schwarzen.

»Du, schwarzer Mann«, fragen sie, »du gesehen großes Vogel mit großen Flügeln?«

»Nein«, sagt der Eingeborene, »einen großen Vogel nicht, aber drei Kilometer von hier auf dem Flugplatz steht ein Airbus.«

Es sagte der Reiseleiter:

»Bedenken Sie bei Ihrer Indienreise, daß man auf dem Wochenmarkt in Neu-Delhi leicht ins Indertreffen geraten kann!«

Zwei Verirrte robben durch die Sahara. Tagelang. Die Sonne brennt. Die Kehle ist ausgetrocknet. Der Durst wird zur höllischen Qual. Ermattet bleiben sie schließlich liegen. Da kramt der eine mit letzter Kraft in seinen Hosentaschen, holt eine verdrückte Tüte hervor und fragt seinen Leidensgefährten: »Hast du vielleicht Appetit auf gesalzene Erdnüsse?«

*

Der alten Dame ist vor ihrem ersten Flug gesagt worden, daß Kaugummi sie vor Ohrendruck bewahren würde.

Nach der Landung erklärt sie der Stewardeß strahlend: »Das mit den Kaugummis hat wirklich gut geklappt – bloß, wie bekomme ich die Dinger jetzt wieder aus den Ohren heraus?«

Die hübsche Stewardeß kommt völlig aufgelöst ins Cockpit, die Haare zerzaust, zwei Knöpfe abgerissen.
»Schnell«, ruft sie dem Piloten zu, »was heißt *nein* auf indisch?«

*

»Sagen Sie mal, gibt es hier Haie?« fragt der ängstliche Tourist einen Einheimischen.
»Keine Sorge, Mann«, beruhigt ihn der, »wo es Krokodile gibt, gibt es keine Haie.«

Es lautete die Flughafen-Ansage:

»Die Passagiere des Fluges einhundertzwölf von London nach Paris können jetzt ihr Gepäck abholen, und zwar am Band drei auf dem Kennedy-Flughafen New York!«

Zwei Schiffbrüchige treiben auf dem Rettungsfloß.
»Du«, fragt der eine, »was steht denn auf unserer letzten Konservendose drauf?«
»Vorspeise – appetitanregend.«

*

Susanne erzählt der Familie von ihrem Südamerika-Urlaub. Sie zeigt mit beiden Händen, wie groß dort die Bananen sind. Plötzlich meldet sich der schwerhörige Opa zu Wort:
»Ist ja alles schön und gut, Kind, aber kann er dich auch ernähren?«

Der Gastgeber berichtet von seiner abenteuerlichen Safari. Gespannt hören ihm alle zu.

Schließlich bricht es aus einem der Zuhörer heraus: »Oh, Mann! Ich glaube, ich hätte vor lauter Angst in die Hose gemacht!«

Meint der Abenteuer-Tourist: »Ja, was glauben Sie denn, worauf der Elefantenbulle ausgerutscht ist?«

Es warb das Touristik-Unternehmen:

»Bei unseren Abenteuerreisen sind fast immer Rückflüge frei...«

Nach der Landung sagt der Copilot der Chartermaschine zur Stewardeß: »Unsere Triebwerke stehen jetzt für vierundzwanzig Stunden.«

»Ist ja wunderbar«, haucht sie da zärtlich, »dann bringe ich noch meine Freundin mit!«

*

Frau Neudorf ist in Afrika auf Urlaub. Beim Besuch eines Eingeborenenstammes wird den Touristen auch ein gemeinsames Mahl geboten.

Leutselig fragt Frau Neudorf ihren Nebenmann: »Mammam gutgut?«

Dieser nickt freundlich.

»Trinktrink gut?« fragt sie dann.

Wieder nickt der Schwarze. Etwas später steht er auf und hält in ausgezeichnetem Deutsch eine Rede für die Gäste. Anschließend wendet er sich an Frau Neudorf und fragt: »Blabla gutgut?«

Der Taucher geht auf dem Meeresgrund spazieren. Plötzlich hört er im Kopfhörer: »Raufkommen, bitte sofort raufkommen!«
»Was ist denn passiert?« fragt er zurück.
»Wir sinken!«

*

Auf der Safari trifft die Reisegesellschaft urplötzlich auf einen Löwen.
Fragt einer ängstlich den Reiseleiter: »Ist der nicht gefährlich?«
»Nein, nein«, beruhigt ihn der Reiseleiter, »der ist satt.«
»Woher wissen Sie denn das?«
»Ihre Frau fehlt.«

Es sagte der Hawaii-Tourist:

»Also, das mit dem Wellenreiten war eine einzige Pleite.«
»Wieso denn?«
»Ja, meinst du, der verdammte Gaul wäre auch nur einen Schritt ins Wasser gegangen...«

Hugo erzählt von seinem Afrika-Abenteuer. »Also, ich fahre mit meinem Landrover durch die Sahara. Plötzlich bleibt der Motor stehen. Ich schaue nach, da kommt mit Riesensätzen ein ausgewachsener Löwe auf mich zu. Na, ich aber nichts wie rauf auf einen Baum!«
»Hör mal«, meint Erwin zweifelnd, »in der Sahara gibt es doch gar keine Bäume!«
»Das war mir in dem Moment wirklich völlig egal!«

»Auf unserer letzten Amerikafahrt hatten wir einen Ver-
rückten als blinden Passagier an Bord«, erzählt der Kapitän.

»Woran haben Sie denn gemerkt, daß er verrückt war?«

»Mitten auf dem Atlantik kroch er aus seinem Versteck,
bedrohte den Schiffskoch mit dem Tranchiermesser und
verlangte Kursänderung nach Bochum.«

»Und«, fragt die Passagierin mit großen Augen, »sind Sie
hingefahren?«

Es sagte der Tourist:

»Also, ich begreife die Menschen nicht, die Angst
vor dem Fliegen haben! Wenn ich – zum Beispiel –
eine Lebensversicherung abgeschlossen habe, vom
Arzt für gesund erklärt und mit den anderen Passagieren nach Waffen untersucht worden bin, wenn
ich meine Sauerstoffmaske und die Schwimmweste
unter dem Sitz gefunden habe und die Anweisung
über das Notwassern gelesen und wenn ich gelernt
habe, wie man sich am unauffälligsten übergibt und
zum Schluß noch sechs doppelte Whiskys intus
habe – dann fühle ich mich völlig sicher.«

Ein Überland-Omnibus fährt an einer Haltestelle ziemlich
ruckhaft los.

Gleich darauf ertönt die Stimme eines Fahrgastes: »Hallo,
Fahrer, halten Sie an! Schauen Sie mal, da ist ein Mann
rausgefallen!«

Der Fahrer beugt sich vor und meint: »Nicht weiter
schlimm. Der hat schon bezahlt.«

Frau Engelhard im Reisebüro. »Stimmt es, daß auf den Bahamas an dreihundertfünfundsechzig Tagen im Jahr die Sonne scheint?« will sie wissen.
»Aber ja. Und das ist sogar noch sehr vorsichtig geschätzt!«

*

Ein Tourist sieht zu, wie ein Indianer in Arizona Rauchsignale sendet.
»Wieviel Holz nehmen Sie denn für das Feuer?« fragt er die Rothaut.
»Kommt drauf an, ob es sich um ein Orts- oder Ferngespräch handelt.«

Es warnte der Reiseleiter:

»Meine Damen und Herren, seien Sie bitte vorsichtig, und gehen Sie nicht zu nah an den Abgrund, da ist kein Gelääääää...«

Fleht der Tourist im Kochtopf des Kannibalen: »Laßt mich am Leben, ich habe eine Frau und fünf Kinder zu ernähren!«
Der Menschenfresser lächelt ihm freundlich zu und sagt nur: »Ich auch.«

*

»Gibt es Regen?« fragt der Tourist.
Der Medizinmann zuckt mit den Schultern. »Weiß nicht. Mein Radio ist kaputt.«

Mitten über dem Atlantik setzen die vier Triebwerke der Düsenmaschine aus. Über den Lautsprecher tönt die höfliche Stimme der Stewardeß:

»Wir werden in wenigen Sekunden notwassern und bitten Sie, sich anzuschnallen. Nach der Landung benutzen Sie bitte die Notausgänge. Und nun verabschieden wir uns von unseren Nichtschwimmern und hoffen, Sie hatten bisher einen angenehmen Flug...«

Es erkundigte sich der Tourist:

»Können Sie mir sagen, wie lange Krokodile leben?«
»Genauso wie kurze.«

Das Ehepaar auf Kreuzfahrt. Kaum ist das Schiff draußen auf dem offenen Meer, fällt sie über Bord.
»Hilfe!« schreit sie noch. »Hilfe!« Dann versinkt sie.
Kopfschüttelnd steht ihr Mann an der Reling. »Inkonsequent, die Frauen«, sagt er.
»Was?« fragt der herbeigelaufene Kapitän entgeistert.
»Eigentlich wollte sie sich verbrennen lassen.«

*

Zwei Deutsche auf Abenteuer-Urlaub in Afrika beobachten, wie ein Eingeborener von einem Krokodil angefallen wird. Als die beiden zu der Unfallstelle laufen, schaut gerade noch der Kopf des Schwarzen aus dem Maul des Krokodils.
Sagt der eine: »Typisch, nichts zu essen, aber einen Schlafsack von Lacoste.«

Ein Tourist kommt in die Texas-Bar.
»Netter Laden«, meint er. »Aber werden hier denn immer noch Sägespäne auf den Fußboden gestreut?«
»Mann«, sagt der Cowboy neben ihm lachend, »das sind die Möbel von der gestrigen Schlägerei.«

*

Das Verkehrsflugzeug steht schon seit dreizehn Minuten mit laufenden Triebwerken auf der Startbahn.
»Verdammt!« flucht ein ungeduldiger Fluggast. »Wann gehen wir denn endlich hoch?«
»In drei Minuten«, antwortet ein finster dreinblickender Kerl, unter dessen ausgebeultem Sakko es vernehmlich tickt...

Es fragte die Touristin:

»Wie kommt es, daß dieser Charterflug so unglaublich billig ist?«
»Die Maschine verbraucht weniger Treibstoff, weil ab und zu eines der Triebwerke aussetzt.«

Fernost-Touristen am Matterhorn – und so wurde das Jodeln erfunden:
Verbissen klettern die beiden fernöstlichen Bergkameraden in der Nordwand. Plötzlich entgleitet dem oberen Bergsteiger das Transistorradio. Es fällt und rutscht und bleibt schließlich an einem Felsvorsprung liegen.
Da ruft der obere Bergkamerad dem unteren zu: »Hol' i Ladio odel hol' du Ladio?«

Verzweifelt schleppt sich der Tourist durch den Wüstensand. »Wasser, Wasser!« stöhnt er.

Nach zwei Tagen sieht er einen Mann mit Bauchladen, der Krawatten verkauft. »Schöne Krawatten gefällig?«

Der Verirrte winkt ab und röchelt: »Was soll ich mit Krawatten, ich habe Durst. Wasser!«

Am nächsten Tag entdeckt er am Horizont eine Oase. Er erreicht sie mit Müh und Not und entdeckt unter Palmen eine Getränkebar.

»Wasser!« stöhnt er mit letzter Kraft.

»Können Sie haben«, sagt der Mann am Eingang, »aber ohne Krawatte kommen Sie hier nicht rein.«

Es sagte der Hotelmanager:

»Herrschaften, die schwierigere Klettertouren unternehmen wollen, werden gebeten, ihre Rechnungen vorher zu begleichen.«

»Konnten Sie denn Ihren Freund nicht mehr retten, als die Kannibalen ihn gefangengenommen hatten?«

»Leider nein. Als ich hinkam, war er schon von der Speisekarte gestrichen.«

*

Bei einer Gebirgswanderung beschwert sich der ängstliche Städter beim Bergführer: »Auf solchen Wegen könnten Sie wirklich ein Geländer anbringen!«

»Hatten wir früher auch«, erwidert der Einheimische, »es wurde uns aber zu teuer – die Touristen haben es immer mit in die Tiefe gerissen!«

Im tiefsten Afrika.

»Was tun Sie da?« fragt der Tourist den trommelnden Eingeborenen.

»Wir haben seit Tagen kein Wasser«, sagt der.

»Aha, und nun rufen Sie den Regenmacher?«

»Nein, den Klempner.«

*

In einem Flugzeug stürzt ein Passagier in die Pilotenkanzel, hält dem Piloten einen Revolver an die Schläfe und fordert: »Los, sofort Kursänderung nach Teheran!«

Darauf der Pilot ganz ruhig: »Tut mir leid. Vor zehn Minuten war bereits eine Dame mit einer Bombe hier und hat Kairo bestellt!«

Es fragte der Fluggast:

»Darf ich eine Zigarre rauchen?«

»Ja, wenn Sie Ihre Nachbarin nicht belästigen.«

»Also, wenn ich die Wahl habe, belästige ich natürlich lieber meine Nachbarin.«

Vor dem Start des neuen Super-Jets wendet sich der Pilot an seine Passagiere.

»Meine Damen und Herren, hier spricht Kapitän Hofmann. Ich freue mich, Sie an Bord unserer Maschine begrüßen zu können. Im Erdgeschoß finden Sie ein Einkaufszentrum, im ersten Stock einen Golfplatz und im zweiten einen Swimmingpool. Ich wünsche Ihnen einen angenehmen Flug. Und nun werde ich versuchen, dieses verdammte Ding hochzukriegen!«

Im Cockpit der Boeing, die über dreihundert Passagiere zu ihrem Fernziel bringt, feiert der Flugkapitän seinen Geburtstag. Nach der dritten Flasche Whisky sagt er mit schwerer Zunge: »Freunde, ich muß aufhören. Ich habe mein Auto am Flugplatz stehen.«

*

»Wir fliegen im Dezember auf die Seychellen«, erzählt Monika.
»Aber da wart ihr doch auf eurer Hochzeitsreise«, meint die Freundin.
»Schon, aber diesmal wollen wir baden.«

*

Im tiefsten Afrika begegnet ein Tourist einem Großwildjäger.
»Jagen Sie schon lange große Tiere?« fragt er den Mann, halb bewundernd, halb ängstlich.
»Eigentlich bin ich ja nach Afrika gekommen, um Schmetterlinge zu sammeln«, erklärt der Jäger, »aber nach wenigen Tagen ist meine Brille kaputt gegangen.«

*

Am Ufer des Sees Genezareth erkundigt sich ein Tourist, was eine Überfahrt kostet.
»Vierzig Dollar«, sagt der Schiffer.
»Vierzig Dollar? Das ist ja Wucher!« entrüstet sich der Tourist.
Belehrt ihn der Schiffer: »Aber ich bitte Sie! Über diesen See ist schließlich Jesus zu Fuß gegangen!«
Knurrt der Tourist: »Das ist doch kein Wunder bei solchen Preisen!«

»Wie komme ich zu der nächsten menschlichen Behausung?« fragt der Tourist im Landrover in der Wüste einen Beduinen.

Der schaukelt auf seinem Kamel gemütlich weiter. »Da fahren Sie jetzt immer geradeaus, und übermorgen biegen Sie links ab!«

*

Der Afrika-Tourist ist mit Verstärkung zurückgekommen und erklärt dem Kannibalen drohend: »Ich möchte sofort meine Frau zurückhaben, die Sie gestern gefangen und verschleppt haben!«

Darauf der Kannibale in Gemütsruhe: »Aber gern, haben Sie Geld dabei? Die kostet jetzt zwölf Dollar die Dose.«

*

Der Pilot hat die automatische Steuerung eingeschaltet, jedoch vergessen, die Sprechanlage auszuschalten.

Er sagt zum Copiloten: »Jetzt einen Whisky und dann die Stewardeß vernaschen!«

Die Stewardeß eilt mit hochrotem Kopf durch den Passagierraum zur Pilotenkanzel. Jemand ruft ihr hinterher: »Den Whisky nicht vergessen!«

*

Die Fluglinie von Jamaika will wissen, wie schwer ihre Passagiere sind.

»Wieviel wiegen Sie?« fragt die Bodenstewardeß am Schalter den Passagier.

»Mit oder ohne Kleider?« fragt der zurück.

»Das hängt davon ab«, erwidert sie, »wie Sie zu reisen gedenken.«

Im Gebirge. »Stürzen die Touristen hier eigentlich oft ab?«
fragt der Urlauber den alten Bergführer.
»Nein«, erwidert der bedächtig, »die meisten tun's nur
einmal.«

*

Die Chartermaschine gerät in ein Gewitter und wird hin
und her geworfen. Die Flugsicherung fragt nach: »Ist es
schlimm? Sollen wir die nächsten Flüge umdirigieren?«
Der Pilot antwortet: »Ist schwer zu sagen. Wir jedenfalls
haben hohe Wellen mit Schaumkronen auf dem Kaffee...«

*

Der Flugkapitän gibt seinen Notruf ab: »Befinden uns
über dem Atlantik – Position fünfzehnhundert Kilometer
vor der Küste – Treibstoff ausgegangen – erwarte Instruk-
tion – over!«
Kommt die Anweisung aus dem Kopfhörer: »Schalten Sie
die Bordlautsprecher ein, und sprechen Sie mir nach:
Vater unser, der du bist im Himmel...«

*

Zittern die letzten Worte eines Beduinen über den Wüstensand: »Verdammt und zugeweht...«

»Welchem Scheich gehört denn dieses Gewässer?«

oder

Öl auf die Wogen gegossen ...

Der Chef trifft seine Sekretärin zufällig am FKK-Strand. Nach einem Moment der Verblüffung sagt er: »Na so was, Fräulein Keiser. Ich freue mich sehr, Sie hier zu sehen.« Sie lächelt entwaffnend. »Und wie ich sehe«, antwortet sie, »ist Ihre Freude aufrichtig.«

Es fragte der kleine Moritz:

»Papa, warum wandern Dünen?«
»Weil sie von dem Urlaubsrummel weg wollen.«

»Sie haben ja einen ausgezeichneten Wachhund«, sagt ein Mann am Strand, »der bewacht Ihre Sachen wirklich gut!« Knurrt der Angesprochene: »Leider ist das nicht mein Hund. Ich warte hier jetzt schon zwei Stunden, daß ich an meine Sachen heran kann.«

Es philosophierte der Tourist:

»Ein Mädchen kann wählen: Geht sie in die Berge, genießt sie die Aussicht – geht sie an den Strand, genießen die anderen die Aussicht...«

»Na, hat Ihnen das Windsurfen was gebracht?« fragt Sauerbach seinen Nachbarn, der gerade aus dem Urlaub zurück ist.
»Klar«, antwortet der. »Ich habe so oft im Wasser gelegen, daß ich mir jetzt den Schwimmkurs sparen kann!«

Der Stotterer bewundert auf Sylt den Sonnenuntergang und bemerkt zu seiner Nachbarin: »Im... Im... po... po... po... sant.«
Tröstet sie ihn: »Habe ich auch immer, wenn ich am Strand gelegen habe.«

*

Die Clubkameradin hat brisante Neuigkeiten auf Lager.
»Ich habe Ihren Mann am Strand gesehen, mit einer flotten Blondine am Arm«, verrät sie.
»Na und? Was haben Sie denn bei einem Mann seines Alters erwartet? Eimerchen und Schaufel?«

Es erzählte die Freundin:

»Gleich am ersten Tag habe ich mich von diesem tollen athletischen Rettungsschwimmer dreimal aus dem Wasser ziehen lassen.«
»Und dann?«
»Erhielt ich leider Strandverbot.«

Es war dem jungen Mann gelungen, die hübsche Blondine aus dem Meer zu fischen und vor dem Ertrinken zu retten.
»Ich danke Ihnen«, flüstert sie. »Hoffentlich hat es Ihnen nicht zuviel Mühe gemacht, mich aus dem Wasser zu holen.«
»Das nicht«, antwortet der junge Mann, »ich mußte nur erst die drei anderen Burschen niederschlagen, die Sie auch retten wollten.«

Angerer macht zum erstenmal Urlaub an der Nordsee. Am Strand wird ihm erklärt, daß gerade Ebbe ist. »Gemeinheit!« schimpft Angerer. »Kaum bin ich hier, haut das Meer ab!«

*

Fragt ein älterer Herr seine Nachbarin am Strand: »Ist das vielleicht Ihr Junge, der meinen Strohhut als Buddeleimer mißbraucht?«
»Nein«, antwortet sie, »meiner probiert gerade aus, ob Ihr Kofferradio auch unter Wasser spielt.«

Es sagte der Reiseberater:

»Und hier ein ganz heißer Tip für Genießer: Verbringen Sie Ihren Urlaub doch mal im Schatten einer bildhübschen Blondine!«

Nach dem ersten Bad in der Nordsee fragt der Kurgast: »Welchem Scheich gehört denn dieses Gewässer?«
»Wieso Scheich?« fragt einer zurück.
»Na, schauen Sie doch mal, das viele Öl!«

*

»Selbst der Strandwärter war nackt«, erzählt der Heimkehrer seinen Freunden von seinem ersten FKK-Urlaub.
»Woher hast du denn gewußt, daß es ein Strandwärter war?«
»Also, daß es keine Strandwärter*in* war, konnte man deutlich sehen!«

Sie haben sich am Strand kennengelernt. Nun sitzen sie im Restaurant, und der junge Mann schwärmt:
»Sie müssen mir viel von sich erzählen. Wo Sie geboren sind, welche Bücher Sie lesen, ob Sie die Pille nehmen...«

*

Ein Maler sitzt am Strand und malt den Sonnenuntergang. Ein Ehepaar sieht ihm interessiert zu.
Schließlich flüstert sie ihrem Mann ins Ohr: »Siehst du, so muß man sich plagen, wenn man keinen Fotoapparat hat!«

Es fragte das Urlauberkind:

»Warum ist das Meerwasser denn so salzig?«
»Also, ich glaube, das kommt von den Heringen.«

Unterhalten sich zwei Männer am Strand. »Ich kann diese Nackten einfach nicht sehen.«
»Sind Sie so streng erzogen worden?«
»Nein, ich besitze eine Textilfabrik.«

*

Die Mutter hat Johanna erklärt, sie müsse am Strand ihren kleinen Bruder Florian immer an der Hand halten. Nach einer Weile sieht die Mutter Johanna bis zum Hals im Wasser stehen. Entsetzt ruft sie: »Wo ist denn Florian?«
»Keine Angst, Mami«, ruft Johanna zurück, »ich habe ihn ganz fest an der Hand!«

Der Ober steht da und starrt sie an.

Faucht sie: »Was ist, haben Sie noch nie eine nackte Frau gesehen?«

»Doch, doch, aber ich überlege gerade, wie Sie bezahlen wollen.«

Es fragte die Blondine:

»Wie kalt ist denn das Wasser heute?«
»In Grad oder in Zentimeter?«

Am FKK-Strand. Eine hübsche junge Sonnenanbeterin setzt sich fast auf die Brille ihres Nachbarn, die da im Sand liegt.

»Oh, Verzeihung!« sagt sie. »Beinahe hätte ich mich auf Ihre Brille gesetzt!«

»Macht nichts, macht nichts«, beruhigt er sie. »Die Brille hat schon ganz andere Dinge gesehen.«

*

Von einem »Paradies an der Riviera« kann wirklich nicht die Rede sein. Mißmutig stapft Erwin durch den nun schon drei Tage gleichmäßig niederprasselnden Regen am Strand entlang.

»Warum machen Sie ein so böses Gesicht?« fragt ihn eine reizende Italienerin.

»Soll ich bei diesem Hundewetter auch noch fröhlich sein?« grollt er.

»Aber gewiß doch, Signore. Sie haben Glück, daß es regnet. Denn wenn hier die Sonne scheint, hält es vor Hitze kein Mensch am Strand aus.«

Urlaub am blauen Mittelmeer.

Heike ist frühmorgens aus dem Bett gesprungen, hat aus dem Hotelfenster geschaut und weckt begeistert die Freundin.

»Los, aufwachen, Murmeltier! Das Wasser ist heute phantastisch – voller Männer!«

Es empörte sich das Girl:

»Ein unverschämter Kerl! Der wollte mich doch glatt mit Badeanzug fotografieren!«
»Und was ist daran unverschämt?«
»Ich sollte ihn in der Hand halten!«

Fragt ein kleiner Junge den Urlauber am Strand: »Onkel, was machst du hier?«
»Ich erhole mich und möchte braun werden.«
»Und das tolle Auto da hinten – gehört das dir?«
»Ja.«
Da dreht sich der Kleine um und ruft: »Mutti, was soll ich ihn sonst noch fragen?«

*

Die beiden Männer liegen am Strand. Da kommt eine hübsche junge Frau vorbei.
Der eine pfeift durch die Zähne. »Tolle Puppe!« stellt er fachmännisch fest.
»Drei Kinder«, meint der andere kurz und trocken.
»Was? Die da? Die ist doch höchstens zwanzig. Wie soll die denn drei Kinder haben?«
»Sie nicht, aber du!«

Es ist sehr kalt. Trotzdem liegt ein Mann am Strand. Er klappert mit den Zähnen.

»Warum liegen Sie denn bei dem Sauwetter hier?« fragt ein Spaziergänger.

Knurrt der Tourist: »Ich habe mir geschworen, im Urlaub Farbe zu bekommen – und wenn es Blau ist!«

*

Hugo sitzt mit seiner Freundin im Strandkorb und verzieht das Gesicht.

»Jetzt weiß ich endlich«, sagt er und beißt wenig begeistert in seinen Schinken-Doppeldecker, »warum diese Dinger Sandwich heißen!«

Es riet die Freundin:

»Du mußt dir immer die Blassen aussuchen. Die haben noch das ganze Urlaubsgeld und viele Tage vor sich.«

Ein Strandwanderer sieht schon eine ganze Weile einem Mann zu, der in der Brandung etwas sucht.

»Wonach halten Sie denn Ausschau?« fragt er ihn freundlich.

»Meine Brille ist mir in die Elbe gefallen.«

»In die Elbe? Sie sind hier an der Nordsee!«

»Nordsee?« echot der andere perplex. Dann: »Da können Sie mal sehen, wie es einem ergeht, wenn man seine Brille verloren hat!«

Am Strand rennt ein Mann, was er kann. Eine Frau ruft entgegenkommenden Strandwanderern zu: »Halten Sie ihn! Der wollte mir was antun!«
»Nun man nicht weinen!« ertönt da eine sonore Stimme. »Es gibt hier ja noch mehr Männer.«

*

Die Mutter ruft am Strand: »Wir müssen gehen, Kinder. Also sagt mir jetzt, wo ihr Papi vergraben habt!«

**»Laokoon-Gruppe? Tut mir leid, ich bin
von der Neckermann-Gruppe!«**

oder

**Ein Tourist lebt nicht von
Sehenswürdigkeiten allein**

Durch die Vatikanischen Museen wird eine Reisegruppe nach der anderen geschleust. Besonders die Abteilung mit den Plastiken interessiert die Besucher.

Einer erkundigt sich bei einem anderen Besucher: »Wissen Sie, wo die Laokoon-Gruppe ist?«

Der andere bedauert. »Nein, tut mir leid, ich bin von der Neckermann-Gruppe.«

Es fragte die Nachbarin:

»Wie hat Ihnen denn die Sixtinische Kapelle in Rom gefallen?«

»Die habe ich leider nicht gehört – muß wohl auf Tournee gewesen sein.«

Eine amerikanische Touristengruppe steht am Krater des Ätna. Die Reisenden sehen in den stinkenden, dampfenden Schlund, dann meint einer zu seinem Begleiter: »Junge, Junge, das sieht aus wie in der Hölle.«

Darauf murmelt der italienische Reiseführer kopfschüttelnd vor sich hin: »Diese Amerikaner! Die waren aber auch schon überall!«

*

Der Ober empfiehlt: »Wie wäre es mit gebackenen Froschschenkeln oder Schwalbennestern in Trüffelmayonnaise oder auch Schnecken in Portwein?«

Meint der Tourist unwillig: »Auf keinen Fall. Ich bin doch nicht hergekommen, um für Sie das Ungeziefer zu beseitigen!«

Auf einer Chinareise besucht Maierhofer mit seinem Dolmetscher ein Spezialitätenrestaurant, das angeblich nur Entengerichte auf der Speisekarte hat.

Bei jedem Gang, der gereicht wird, erklärt der Dolmetscher: »Das ist der Schlegel der Ente, das ist die Haut der Ente, das ist die Brust der Ente ...«

Zum Schluß kommt ein Gericht, das ganz offensichtlich aus Huhn besteht. Maierhofer wartet. Stille. Schließlich fragt er: »Und was ist das?«

»Nun ja«, sagt der Dolmetscher, »das ist eine Freundin der Ente.«

Es rief der Gast:

»Herr Ober, einen Zahnstocher, bitte.«
»Einen Augenblick Geduld, im Moment sind noch alle im Gebrauch.«

Bausinger steht mit der Familie in Rom vor dem Kolosseum. Lange betrachtet er die Touristen-Attraktion, dann meint er kopfschüttelnd: »Genau wie bei uns. Erst fangen sie großspurig an zu bauen, und dann geht ihnen das Geld aus.«

*

Ein Amerikaner steht vor dem rauchenden Ätna.
»So was haben Sie in den Staaten nicht, soweit ich weiß«, sagt der Fremdenführer nicht ohne Stolz.

Der Amerikaner ist wenig beeindruckt. »Dafür haben wir die Niagarafälle. Mit denen könnte man das da im Handumdrehen löschen.«

Der Urlauber besichtigt einen thailändischen Tempel. »Allein an der Deckenmalerei ist über vier Jahre gearbeitet worden«, erläutert der Führer.

»Kenne ich.« Der Besucher nickt mitfühlend. »Als wir unser Haus neu streichen ließen, hatten wir ähnliche Schwierigkeiten mit dem Maler.«

*

Geduldig wartet ein Gast bereits seit einer Stunde auf sein Essen. Schließlich tritt der Geschäftsführer an seinen Tisch und fragt: »Hatten Sie schon die Karte, mein Herr?«

»Wieso?« fragt der Gast ironisch zurück. »Soll das heißen, der Koch hat mir geschrieben?«

Es stand an der Kathedrale:

Der Domprobst heißt alle Touristen herzlich willkommen. Er möchte aber auch darauf hinweisen, daß in der Kirche keine Gelegenheit zum Schwimmen gegeben ist. Daher ist es völlig unnötig, die Kathedrale in Strandkleidung zu betreten.

Der Hamburg-Tourist landet in einer echten Seemannskneipe, in der an den Wänden ausgestopfte Fische und Vögel hängen. Er bestaunt diese Kuriositäten und bestellt dann ein gebratenes Hähnchen.

Als es vor ihm auf dem Teller liegt und er mehrere Versuche unternommen hat, es zu zerlegen, ruft er den Ober und sagt: »Da, häng es wieder an die Wand!«

Eine italienische Reisegruppe besichtigt die berühmten Niagarafälle. Der Fremdenführer macht sie aufmerksam: »Meine Damen und Herren, wenn Sie für einen Moment Ihre Unterhaltung unterbrechen würden, könnten Sie das gewaltige Tosen und Brausen des Wasserfalls hören...«

*

Der Gast im Berghotel wundert sich. »Herr Ober, warum haben Sie mir denn zweimal ein Schnitzel gebracht?« Stöhnt der Ober: »Verdammt, immer dieses Echo!«

Es fragte der Feriengast:

»Ist der Salat wirklich für zwei Personen, Herr Ober?«
»Aber ja, mein Herr.«
»Dann möchte ich mal wissen, warum nur eine Schnecke drin ist!«

Wegener macht mit seiner Frau eine Griechenlandfahrt. In einem Museum bewundern sie einen Männertorso. Unter der Skulptur steht *Der Sieger*.
»Na«, meint seine Frau, »da möchte ich aber nicht wissen, wie der Verlierer ausgesehen hat!«

*

In einem Urlaubslokal tritt der Geiger des kleinen Orchesters an den Tisch eines Gastes.
»Verzeihung, hatten Sie ein Stück von Mozart bestellt?«
»Nein«, erwidert der Gast sauer, »eine Kalbshaxe!«

»Herr Ober, was ist denn bitte *cojones*?« erkundigt sich ein Tourist in einem Madrider Restaurant.

»Das ist eine Spezialität unseres Hauses«, klärt ihn der Ober auf. »Nach dem Stierkampf servieren wir ganz frisch die Hoden des getöteten Stiers.«

Der Gast bestellt und ist so begeistert, daß er am nächsten Tag wiederkommt und erneut *cojones* bestellt.

Doch diesmal ist der Tourist enttäuscht. »Gestern waren die *cojones* aber viel besser«, reklamiert er.

Sagt der Ober: »Gestern hat ja auch der Torero gewonnen.«

Es murmelte der Tourist:

»Na also, das Essen war ausgezeichnet, der Espresso schwarz wie die Sünde und der Calvados einsame Spitze. Wenn jetzt nur die verdammten Sehenswürdigkeiten nicht wären!«

Voller Stolz sagt die Pensionsbesitzerin zu dem Gast aus Amerika: »In diesem Bett hat schon Schiller geschlafen.«

»Okay«, meint der Amerikaner, »dann lassen Sie es frisch beziehen!«

*

Wieder einmal besucht der Amerikaner Paris. Und wieder einmal schaut er sich den Eiffelturm an.

Als er zwei Wochen später wieder zu Hause im guten alten Texas ist, erzählt er: »Also, diese Franzosen, das muß man gesehen haben! Jetzt bohren die schon seit Jahren und sind immer noch nicht auf Öl gestoßen!«

»Ich bin gar nicht zufrieden«, beschwert sich der Gast beim Direktor des Hauses. »In Ihrem Prospekt wird freie Menüwahl versprochen. Auf der Speisekarte ist aber nur ein einziges Menü zu finden.«
»Das ist schon richtig so«, antwortet der Direktor höflich. »Entweder Sie essen das Menü, oder Sie lassen es bleiben.«

Es fragte der Freund:

»Wie hat es dir denn in Venedig gefallen?«
»Schrecklich, dieses Hochwasser. Und diese Italiener! Trotz dieser Katastrophe fahren die den ganzen Tag mit ihren Booten herum und singen dazu.«

Der Gast sagt zum Ober: »Bringen Sie mir ein Steak, dreihundert Gramm schwer, halb durchgebraten und absolut ohne Fett.«
»Gerne, mein Herr«, antwortet der Ober. »Wenn Sie mir bitte nur noch sagen würden, welche Blutgruppe das Rind gehabt haben soll!«

*

Eine Reisegesellschaft besichtigt einen antiken Tempel. Vor einer Säule bleibt der Fremdenführer stehen und behauptet: »Die ist dreitausendunddrei Jahre alt.«
»Wie können Sie das denn so exakt angeben?« erkundigt sich einer aus der Gruppe erstaunt.
»Ganz einfach: Als ich das letztemal hier war, war sie dreitausend Jahre alt, und das ist jetzt drei Jahre her.«

Zwei Feinschmecker fachsimpeln über die englische Küche.
»Man kann sich da eigentlich nie irren«, resümiert der eine, »wenn es kalt ist, ist es Suppe. Ist es warm, dann ist es Bier.«

*

»Haben Sie in Texas auch so hohe Berge?« fragt die Wirtin freundlich den amerikanischen Touristen.
»Nein«, nuschelt dieser kaugummikauend, »aber wenn wir welche hätten, dann wären sie garantiert höher.«

*

Der Gastwirt ist dem Touristen nachgelaufen und sagt jetzt voller Wut: »Hallo, Sie! Sie haben sich aus meinem Lokal geschlichen, ohne zu bezahlen!«
»Das ist eine unverschämte Unterstellung!« protestiert der Mann. »Durchsuchen Sie mich doch! Wenn ich nicht bezahlt hätte, müßte ich das Geld ja noch bei mir haben.«

*

»Herr Ober, in meiner Suppe schwimmt eine Fliege!« beschwert sich der Gast.
»Sie irren sich«, korrigiert der Ober, »sie schwimmt nicht – sie ist tot.«

*

Stirnrunzelnd schaut der Gast auf seinen Teller.
»Herr Ober«, sagt er grimmig, »ich hatte einen Salatteller bestellt und kein Schnitzel!«
»Das hab' ich gern!« mault der Ober. »Erst stundenlang hier rumsitzen und dann auch noch meckern!«

Seufzt der ältere Herr an der Hotelbar: »Am meisten hasse ich Schloßbesichtigungen.«

»Warum machen Sie dann diesen Unsinn mit?« will sein Nachbar wissen.

»Reiner Selbsterhaltungstrieb«, kommt die frustrierte Antwort. »Mir gehört das Schloß.«

*

»Knüpfen sich an diese Burg historische Erinnerungen oder Vorkommnisse?« erkundigt sich der eifrig fotografierende Tourist.

»Gewiß«, erwidert der alte Burgführer, »ein Besucher soll einem meiner Vorgänger einmal zwanzig Mark geschenkt haben.«

*

»Herr Ober, dieser Hummer hat bloß eine Schere«, beschwert sich der Gast.

»Ich nehme an, die zweite Schere hat er im Kampf verloren«, antwortet der Ober schlagfertig.

»Gut«, meint der Gast, »dann bringen Sie mir bitte den Sieger!«

*

»Und hier soll es tatsächlich ein Gespenst geben?« fragt die Touristin fröstelnd den Führer bei der Schloßbesichtigung.

»Dummes Gerede«, brummt der Alte. »Ich habe noch keins gesehen, und ich lebe immerhin schon dreihundert Jahre hier!«

In Paris fragt ein Tourist nach dem Eiffelturm.
»Dritte Straße links, dann gleich rechts und noch ein Stück geradeaus«, erklärt ihm ein Passant. »Sie können ihn gar nicht verfehlen. Er steht direkt neben einer Pommesbude.«

*

Die Italien-Touristin hat sich eine Riesenpizza bestellt. Der Ober fragt: »Soll die Pizza in vier oder in sechs Stücke geteilt werden?«
Meint sie: »Lieber in vier – ich glaube, sechs Stück wären doch etwas zuviel für mich.«

»In wenigen Minuten landen wir in Neapel – bitte schnallen Sie Ihre Brieftaschen fest!«

oder

Andere Länder, andere Bewohner

Auf einer Zugfahrt durch Mexiko liefern sich ein Einheimischer und der Schaffner ein hitziges Wortgefecht. Ein Tourist mischt sich ein: »Worum geht es denn?« Erklärt der Mexikaner: »Señor, der Schaffner behauptet, dies sei der gestrige Zug, meine Karte gelte aber für den heutigen – und der fährt morgen!«

*

»Sagen Sie mal, was halten Sie denn von den Deutschen? Sind Sie deutschfeindlich?« fragt ein deutscher Reporter in Milano di Marittima einen Hotelier.
Der Italiener wehrt entsetzt ab. »Mamma mia, Signore, was Sie von mir denken! Jetzt, mitten in der Saison?«

Es sagte der Flugkapitän:

»In wenigen Minuten landen wir in Neapel. Bitte, schnallen Sie Ihre Brieftaschen fest!«

Ein Südfranzose auf Sightseeing-Tour in London.
Irgendwann fragt er einen kleinen Jungen: »Wie oft scheint bei euch eigentlich die Sonne?«
»Keine Ahnung«, antwortet der Kleine. »Ich bin erst neun Jahre alt.«

*

Der deutsche Tourist steigt in Madrid erschöpft aus dem Bus.
»Buenas dias!« ruft ihm ein freundlicher Spanier zu.
»Nein, danke!« winkt der ab. »Ich fotografiere selbst!«

Wieder zurück von der Frankreichreise, betritt Sir Alec seinen Londoner Club.

»Na, gute Reise gehabt?« fragen ihn seine Freunde.

»Ja, danke.«

»Hatten Sie keine Schwierigkeiten mit der Sprache?«

Meint Sir Alec: »Ich eigentlich nicht, aber die Franzosen.«

Es fragte die Nachbarin:

»Sie waren doch im Urlaub in Norwegen. Haben Sie auch die Fjorde gesehen?«

»Aber natürlich, die Tierchen sind doch so zutraulich!«

Fellner übernachtet in einer kleinen Kaschemme in Spanien.

»Ich konnte die ganze Nacht nicht schlafen«, beschwert er sich am Morgen, »dauernd haben sich auf dem Boden zwei Mäuse rumgebalgt!«

Sagt der Wirt entrüstet: »Ja, was verlangen Sie denn für die paar Peseten – Stierkämpfe vielleicht?«

*

Die Touristin hat sich ein Herz gefaßt und spricht einen Schotten an:

»Ich bin eigentlich nicht besonders neugierig«, behauptet sie vorsichtshalber, »aber wüßte doch zu gern, was Sie unter Ihrem Kilt tragen.«

»Verstehe«, antwortet der Schotte. »Ich mache auch nicht gern viele Worte. Geben Sie mir Ihre Hand....«

»Wann taucht Nessie denn normalerweise auf?« fragt ein Tourist am Loch Ness den Einheimischen.

Brummt der alte Schotte: »Im allgemeinen nach fünf bis sechs Whiskys.«

*

Zwei steinreiche amerikanische Touristinnen bummeln durch Neapel.

Zwei Gauner kommen vorbei und stoßen sich an: »Hast du diese Klunker gesehen?«

»Nein, zeig mal her.«

Es seufzte der Tourist:

»Neapel sehen und dann sterben!«, als er die vergifteten Muscheln gegessen hatte...

Der Tourist hat sich mit seinem Wagen auf den schlecht bezeichneten Bergstraßen Mexikos total verirrt. Endlich erspäht er einen alten Mann.

Er reicht ihm eine Zigarette und fragt: »Lieber Freund, können Sie mir den Weg nach Chiobo zeigen?«

Der Alte überlegt eine ganze Weile, dann schüttelt er stumm den Kopf. Frustriert fährt der Tourist weiter. Plötzlich hört er Schreie hinter sich und sieht den Alten in Begleitung eines zweiten Mannes, wie er heftig hinter ihm herwinkt.

Er stoppt und setzt den Wagen zurück, bis er bei den beiden ist.

»Dies ist mein Bruder«, erklärt der Alte eifrig, »aber der weiß den Weg leider auch nicht!«

Prahlt der Amerikaner auf seiner Deutschlandtour: »Wir haben so viel Land bei uns in Texas, daß wir zehn Stunden brauchen, um mit dem Auto von der einen auf die andere Seite zu fahren.«
Rät ihm ein Zuhörer: »Wenn Sie so viel Geld haben – warum kaufen Sie sich dann nicht ein schnelleres Auto?«

*

»Ken-tu-mi« heißt auf japanisch »Zimmer«. Kommt ein Japaner nach Deutschland, geht in die Hotelrezeption und fragt: »Ken-tu-mi?«
»Nein«, sagt der Empfangschef, »wie heit du denn?«

Es sagte der England-Urlauber:

»Dieses Land ist wirklich großartig; es sollte nur schleunigst überdacht werden!«

Ein Deutscher macht mit seinem amerikanischen Freund eine Kreuzfahrt durch Norwegens Fjorde. Von der Schönheit der Landschaft beeindruckt, meint der Amerikaner: »Oh, welch schönes Busenmeer!«
Der Deutsche verbessert ihn liebenswürdig: »Das heißt Meerbusen.«
Ein wenig später trifft der Amerikaner einen Bekannten auf dem Schiff, den er seinem deutschen Begleiter vorstellt: »Das ist mein Freundbusen.«
Der Deutsche lacht und korrigiert ihn erneut.
Sagt der Amerikaner kopfschüttelnd: »Oh, ihr Deutschen seid komische Menschen – mal ist der Busen vorn, mal hinten, man weiß nie, wo er sich gerade befindet!«

In einem Zugabteil in England zieht ein Gentleman eine Zigarre aus der Tasche. Er fragt die alte Dame, die ihm gegenüber sitzt: »Gestatten Sie, daß ich rauche?«
Sie betrachtet das unheilverkündende dunkle Ding in seiner Hand einen Moment, meint dann aber: »Fühlen Sie sich wie zu Hause.«
»Dann eben nicht«, seufzt der Gentleman und steckt die Zigarre resignierend wieder ein.

Es stand im Italien-Autobus:

Es wird gebeten, nicht mit dem Fahrer zu sprechen. Er braucht seine Hände zum Steuern.

Der stolze Spanier schlägt seinem Urlaubsflirt mit verführerischem Lächeln vor: »Wollen wir den heutigen Abend nicht gemeinsam verbringen?«
Sie überlegt einen Moment und sagt dann: »Einverstanden – wie haben Sie sich das denn vorgestellt?«
»Sie kommen für Essen und Trinken auf, und ich bestreite den Rest des Abends...«

*

Ein Tourist hat sich im dichten Londoner Nebel verirrt. Schließlich fragt er einen Passanten: »Können Sie mir sagen, wo es zur Themse geht?«
»Ja, noch ein Stück in die Richtung, aus der ich gerade komme.«
Der Tourist fragt noch mal nach: »Sind Sie sicher?«
»Ganz sicher«, seufzt der andere, »ich komme gerade raus.«

Ein Ehepaar aus Deutschland macht einen Stadtbummel durch Paris. Die Anstrengungen sind aber offensichtlich zuviel für die Touristin. Sie sinkt auf eine Bank nieder. Sofort ist sie umlagert von Menschen, die ihr helfen möchten.

»Ach Gott«, sagt sie stöhnend zu ihrem Mann, »wenn ich doch bloß wüßte, was Eau de Cologne auf französisch heißt...«

*

Ein Scheich kommt von seinem England-Aufenthalt wieder nach Saudi-Arabien zurück und erzählt dort voller Begeisterung: »Es war herrlich! Aber vor allem das Wetter! Einfach traumhaft. Das muß man sich mal vorstellen: vier Wochen lang jeden Tag Regen!«

*

Abenteuer-Urlaub im unwirtlichen Bergland. Irgendwann kommt Albert aber doch bei einem kleinen Gasthof an.

»Sagen Sie«, fragt er den Besitzer, »kann ich hier ein Zimmer mit fließendem Wasser haben?«

»Wieso«, fragt dieser fassungslos zurück, »wollen Sie vielleicht angeln?«

*

Nach einer atemberaubenden Taxifahrt landet der Tourist schließlich am Hauptbahnhof.

»Sie sind ja wahnsinnig!« faucht er den Taxifahrer an. »Sie haben auf den letzten beiden Kilometern drei Fußgänger und einen Radfahrer gestreift!«

Der Taxifahrer behält die Ruhe. »Sind Sie als Tourist hier, Signore, oder als Statistiker?«

Der Tourist ist aus Spanien zurückgekehrt. Er hat einige Stierkämpfe besucht und berichtet jetzt seinen Freunden vom Tennisklub: »Stiere reagieren überhaupt nicht auf die Farbe Rot, sondern nur Kühe.«

»Und warum werden sie dann so wütend, wenn der Torero sein rotes Tuch schwenkt?« wundert sich einer.

»Weil sie sauer sind, daß man sie für Kühe hält!«

*

Der Tourist auf Sizilien fragt einen einheimischen Obstbauer: »Sagen Sie, Signore, eigentlich müßten doch hier im Erzeugerland die Zitronen billiger sein als bei uns in Deutschland?«

»Müßten sie schon«, antwortet der Sizilianer, »aber die Urlauber sollen sich doch bei uns wie zu Hause fühlen!«

*

Zum Jubiläum macht der Kegelklub einen Ausflug an die Costa del Sol. Am letzten Abend wird noch mal ein großes Turnier veranstaltet.

Eine Spanierin schaut eine Weile interessiert zu und fragt: »Alemán?«

»Ja«, sagt der Klubpräsident, »aber ich komme als erster dran!«

»Gibt es hier auch ein Rettungsboot für Raucher?«

oder

Wasser hat keine Balken

Auf einer Kreuzfahrt bekommt ein Passagier, der für seine großzügigen Trinkgelder bekannt ist, eines Morgens sein Frühstück von einem anderen Steward serviert.

»Nanu«, staunt der Gast, »wo ist denn Ihr Kollege, der mich sonst immer bedient?«

»Ab heute übernehme ich das«, erwidert der Steward, »ich habe Sie beim Pokern gewonnen.«

Es versicherte der Kapitän:

»Ein Deck-Offizier hat völlig andere Aufgaben, als von manchen Kreuzfahrerinnen angenommen wird!«

»Ist ja eine tolle Erfindung, dieses Radar«, sagt eine alte Dame bei der Schiffsbesichtigung. »Damit kann ja jeder Idiot ein Schiff lenken. Wie haben Sie das denn früher gemacht?«

»Na ja«, meint der Kapitän, »da bin ich immer stur geradeaus gefahren, bis ich auf Land stieß. Dann habe ich einen Matrosen hingeschickt, um Brötchen zu holen. Nachher brauchte ich nur noch auf die Tüte zu sehen – und schon wußte ich, wo wir waren.«

*

Bei Windstärke zehn ruft der Kapitän einer Passagierin, die an der Reling lehnt, zu: »Gehen Sie da weg! Jeden Augenblick kann ein Brecher Sie über Bord reißen!«

Ein Mann in ihrer Nähe schreit zurück: »Kümmern Sie sich um Ihre Angelegenheiten, das ist meine Frau und nicht Ihre!«

»Wer ist denn das?« will eine Passagierin vom Kapitän wissen und zeigt auf einen völlig zerlumpten, bärtigen Mann, der auf der winzigen Tropeninsel wie verrückt herumhüpft und winkt.

»Das weiß ich auch nicht, gnädige Frau«, antwortet der Kapitän, »aber der freut sich immer so, wenn wir hier vorbeikommen!«

Es flüsterte der Steward:

»Sir, ich glaube, das Schiff ist auf einen Eisberg gelaufen!«
»Verdammt, was ist denn das für ein Service! Eine doppelte Portion Eis hatte ich zum Whisky bestellt – aber so viel doch nicht!«

Ein Schotte macht mit seiner Frau eine Seereise. Alle ertrinken, nur der Schotte wird gerettet.
Nach einem Jahr bekommt er ein Telegramm: *Leiche Ihrer Frau mit Austern und Muscheln bedeckt geborgen.*
Umgehend telegrafiert er zurück: *Muscheln und Austern verkaufen, Köder wieder auslegen!*

*

Ein Kunde fragt im Reisebüro, was er auf seine gebuchte Kreuzfahrt mitnehmen solle. Der Mann im Reisebüro rät: »Verhütungsmittel und Tabletten gegen Seekrankheit.«
Der Kunde geht zur Apotheke und verlangt eine Packung Kondome und Tabletten gegen Übelkeit.
Da fragt ihn der Apotheker: »Warum lassen Sie es nicht bleiben, wenn es Ihnen jedesmal übel dabei wird?«

Die Passagiere rennen völlig kopflos durcheinander. »Das Schiff geht unter! Das Schiff geht unter...!«
Nur ein Mann sitzt seekrank mit gelbgrünem Gesicht in der Ecke und murmelt: »Gott sei Dank!«

*

Ein seekranker Passagier schleppt sich käsebleich nach drei Tagen Klausur an Deck. Er hält in alle Richtungen Ausschau, kann aber nur Wasser sehen, Wasser bis zum Horizont.
»Was«, entfährt es ihm erschüttert, »hier sind wir erst?«

Es berichtete der Kapitän:

»Erst auf hoher See haben wir festgestellt, daß ein blinder Passagier auf dem Schiff ist!«
»Ja, haben Sie den Mann denn nicht an der Armbinde erkannt, als er an Bord kam?«

Das Schiff legt sich bei schwerem Seegang von einer Seite auf die andere.
Klagt ein Passagier: »Wenn das Wetter nicht bald besser wird, gehen wir noch mit Mann und Maus unter!«
Da ertönt der schrille Schrei einer Passagierin: »Was? Wir haben Mäuse an Bord?«

*

Bei einem Schiffsuntergang rettet sich ein Passagier auf einem schwimmenden Klavier. – Kommt ein anderer angeschwommen und fragt: »Darf ich Sie begleiten?«

Der Kapitän des Flußdampfers beruhigt die ängstlichen Passagiere: »In diesem Fluß kenne ich jede Sandbank ganz genau.«
Kaum hat er das gesagt, läuft das Schiff auf eine auf.
»Sehen Sie«, sagt der Kapitän, »das ist die erste!«

Es fragte die Freundin:

»Wie war denn eure Schiffsreise, Sabine?«
»Traumhaft! Nur die letzten Tage waren so stürmisch, daß ich Herbert an der Bar festbinden mußte.«

Aumann hat sich auf dem Ozeanriesen verirrt. »Entschuldigen Sie«, spricht er einen Steward an, »ich finde meine Kabine nicht.«
»Wie war denn Ihre Nummer?«
»Das weiß ich nicht. Aber gegenüber war ein Hafen und ein Leuchtturm.«

*

Aus dem geheimen Tagebuch der Anna-Maria:
Montag: Abendessen an der Kapitänstafel.
Dienstag: Vormittags mit dem Kapitän auf der Brücke.
Mittwoch: Was fällt dem Kapitän ein? Er hat mir Anträge gemacht, die ich hier nicht wiederholen kann.
Donnerstag: Der Kapitän droht, das Schiff auf ein Riff auflaufen zu lassen, falls ich nicht nachgeben sollte. Was soll ich bloß machen?
Freitag: Ich habe eintausendfünfhundert Passagieren das Leben gerettet.

Landthaler hat eine teure Kreuzfahrt gebucht und ist fest entschlossen, sie zu genießen.

Aber der Luxusliner stößt mit einem Frachter zusammen, und es ist bereits so viel Wasser in das Schiff eingedrungen, daß es zu sinken beginnt. Gelassen bleibt Landthaler in seinem Liegestuhl liegen.

»Sie können doch nicht so einfach hier liegenbleiben!« ruft ihm ein anderer Passagier voller Panik zu. »Das Schiff hat ein Leck, es sinkt!«

Meint Landthaler ungerührt: »Na und? Ist das etwa mein Schiff?«

Es fragte die Passagierin:

»Herr Kapitän, müssen Sie Ihr Schiff wirklich als letzter verlassen, wenn mal ein Unglück passiert?«
»Ja, aber nur, wenn es langsam sinkt. Wenn es explodiert, gehe ich zusammen mit der Mannschaft von Bord.«

Von einem Hochseedampfer kommt der Funkspruch: »Haben blinden Passagier an Bord.«

Die Reederei funkt zurück: »Trösten Sie ihn. Was gibt es auf hoher See schon viel zu sehen?!«

*

Eine empörte Passagierin ruft den Ersten Offizier.
»Heute nacht versuchte ein Steward in meine Kabine einzudringen!« erklärt sie, noch immer ganz außer sich.
»Na und? Glauben Sie vielleicht, in die Touristenklasse käme unser Kapitän?«

Das Kreuzfahrtschiff droht zu sinken. Die Passagiere geraten in Panik, nur ein alter Engländer läßt sich nicht aus der Ruhe bringen.

Er geht zum Kapitän, nimmt gemächlich die Pfeife aus dem Mund, und erkundigt sich höflich: »Verzeihung, Sir, gibt es hier auch ein Rettungsboot für Raucher?«

Es schwärmte die Kollegin:

»Also, diese vierwöchige Kreuzfahrt in die Karibik – das war ein Traum...«
»Wann warst du denn in der Karibik?«
»Ich sagte doch, daß es ein Traum war!«

Das Schiff droht zu sinken. Der Kapitän läßt Leuchtraketen abschießen. Da kommt ein Passagier zu ihm auf die Brücke und schimpft: »Sind Sie wahnsinnig? Wir befinden uns in dieser fürchterlichen Situation, und Sie veranstalten ein Feuerwerk!«

*

Sie hat lange gespart für die erste Schiffsreise ihres Lebens, und nun ist das Schiff ausgerechnet in einen schweren Sturm geraten. Als es immer schlimmer wird, verlangt sie den Kapitän zu sprechen.

»Herr Kapitän«, fragt sie ängstlich, »wie weit sind wir denn hier überhaupt vom Land entfernt?«
»Nur ein paar hundert Meter«, erwidert er lächelnd.
»Das ist ja beruhigend«, sagt sie und atmet erleichtert auf. »Und nach welcher Richtung?«
Entgegnet der Kapitän lakonisch: »Nach unten!«

Wiesner liegt seekrank an Deck in einem Liegestuhl. Ihm ist seit zwei Tagen hundeübel. Er fragt den Kapitän: »Das da hinten, ist das endlich Land?«
»Nein«, antwortet der Kapitän, »das ist der Horizont.«
Meint Wiesner gottergeben: »Na ja, immer noch besser als Wasser!«

*

Die Segeljacht droht zu sinken. Der Kapitän ruft verzweifelt: »Ist jemand unter den Passagieren, der wirklich inbrünstig beten kann?«
»Ja, ich!« ruft einer der Gäste.
Der Kapitän atmet auf. »Wunderbar, wir haben nämlich eine Schwimmweste zu wenig!«

*

Das junge Ehepaar wird überraschend zu einer Kreuzfahrt eingeladen. Gleich am ersten Abend gesteht der Gastgeber dem Ehemann: »Ich bin ganz verrückt nach Ihrer Frau. Ich schenke Ihnen meine Jacht, wenn ich eine Nacht mit ihr verbringen darf.«
Der Ehemann reagiert blitzschnell. »Sie ticken wohl nicht richtig? Meine Frau auf meinem Schiff bumsen? Verschwinden Sie! Nehmen Sie das Beiboot, und dann rudern, rudern, rudern...«

*

Hugo hat eine Seereise gebucht. Die See ist rauh, das Schiff hebt sich auf und nieder und mit ihm auch Hugos Magen.
Fragt der Steward: »Was darf ich Ihnen zu Mittag bringen?«
Knurrt Hugo: »Das Billigste!«

Im dichten Nebel verläßt das Kreuzfahrtschiff den Hafen. Eine junge Frau geht in die Bar und bestellt sich einen Cocktail, den ersten ihres Lebens.

Als sie das Glas geleert hat, rammt das Schiff einen Frachter. Mitten in der Bar, auf dem Boden liegend, findet sie sich wieder.

Sie rappelt sich auf und beschimpft den Barkeeper: »Ich möchte bloß mal wissen, was Sie in den verdammten Cocktail getan haben!«

*

Heilmann wollte sich etwas ganz Besonderes leisten und hat eine Kreuzfahrt gebucht. Das Unternehmen erweist sich allerdings nicht als großes Vergnügen. Die ewige Schaukelei bekommt dem Passagier nämlich überhaupt nicht. Leichenblaß hängt er an der Reling.

Ein Steward kommt vorbei und fragt freundlich: »Möchten Sie vielleicht ein Vorbeugemittel?«

»Nein, danke«, stöhnt Heilmann, »ich beuge mich schon von selbst vor.«

»Paris? Wär' schon schön, aber doch recht abgelegen...«

oder

Bleibe im Lande

Hansmann klingelt noch zu später Stunde am Gasthaus »Georg und der Drache«. Eine Frau öffnet und herrscht ihn an, daß das Haus um diese Zeit geschlossen ist.
Fragt Hansmann: »Könnte ich vielleicht mal mit Georg sprechen?«

*

»An dieser Stelle hier sind vor hundert Jahren über dreißig Männer ertrunken«, informiert der Fremdenführer während der Bootsfahrt über den See.
Kommentiert einer aus der Reisegruppe: »Halb so schlimm. Die wären ja heute sowieso tot.«

*

Der Pauschal-Urlauber bekommt zum Frühstück einen winzigen Klecks Honig.
»Ach nein, wie schön«, freut er sich, »eine Biene haben Sie auch!«

*

In der Dorfschenke pickt ein Huhn am Schuh eines Gastes herum.
Ärgert sich der Mann: »Hau bloß ab, sonst bestelle ich dich!«

*

Als der erste Gast des neuen Wirtshauses gegangen ist, fragt der Wirt den Kellner: »Was hat der Mann gesagt?«
»Unser Essen sei ein Schweinefraß, der Wein der reinste Essig und die Preise unverschämt hoch.«
»Na schön«, meint der Wirt, »wenn er nur sonst zufrieden war!«

Treffen sich zwei Meteorologen. »Sag mal, wieso behauptest du eigentlich seit Wochen, daß das Wetter auf Helgoland einfach herrlich sei, wo es doch die ganze Zeit regnet?«

Erklärt der andere fröhlich grinsend: »Weil ich vor zwei Monaten dort ein Hotel geerbt habe!«

*

»Wie weit ist es denn bis Grünenbach?« will der Urlauber von seiner Pensionswirtin wissen.

»Etwa fünfzig Kilometer.«

»Landstraße oder Luftlinie?«

»Landstraße natürlich. Eine Luftlinie nach Grünenbach gibt es nicht.«

*

Auf dem Lande fragt Lindner den Bauern: »Sagen Sie, bekomme ich den Elfuhrzug noch, wenn ich die Abkürzung über Ihre Weide nehme?«

Meint der Bauer: »Sicher. Und wenn der Bulle Sie sieht, vielleicht sogar noch den Zehnuhrzug!«

*

Eine Urlauberin geht am Fluß spazieren und trifft auf einen Angler. Sie bleibt neben ihm stehen und spricht ihn an. Der Angler schweigt. Sie gibt nicht auf und versucht immer wieder ein Gespräch zu beginnen – erfolglos. Plötzlich zieht der Angler einen großen Fisch aus dem Wasser.

»Oh, der Arme!« entfährt es der Urlauberin.

Meint der Angler: »Da können Sie mal sehen, wie es einem ergehen kann, wenn man ständig den Mund aufmacht!«

»Erwin, die Webers sind auch hier in Hindelang!« berichtet die Ehefrau, als sie vom Einkaufsbummel in den Gasthof zurückkommt.

»Das ist aber dumm«, meint ihr Mann, »wir haben denen doch erzählt, wir würden im Urlaub nach Spanien fahren.«

Tröstet ihn seine Frau: »Die Webers sind aber noch schlechter dran, die haben von Haiti gesponnen!«

Es stand im Prospekt:

Unser Ferienort ist bekannt als der bevorzugte Zufluchtsort für alle, die Ruhe, Erholung und Einsamkeit suchen. Kein Wunder, daß jedes Jahr aus allen Teilen der Welt Tausende und Abertausende von Menschen, die allein sein wollen, zu uns kommen...

Herbach ist wenig begeistert von seiner selbstgewählten Urlaubsidylle. »Das Nest ist geradezu sterbenslangweilig«, sagt er schlechtgelaunt zu der Pensionswirtin.

»Das mag schon sein«, meint diese, »aber dafür haben wir einen wundervollen Waldfriedhof.«

*

Beschwert sich der Gast bei der Wirtin der kleinen Pension: »Gestern habe ich meine schmutzigen Schuhe vor die Zimmertür gestellt, und heute morgen standen sie immer noch so da.«

Freut sich die Wirtin: »Da sehen Sie es! Wir sind ein anständiges Haus, bei uns kommt nichts weg.«

Man sitzt in einer Berghütte in der Schweiz zusammen. Ein Einheimischer erzählt von der Jagd und von den Gemsen, wie scheu diese Tiere seien und wie sie sich bei jeder drohenden Gefahr gegenseitig durch einen Pfiff warnen. Dabei steckt der Erzähler zwei Finger in den Mund und ahmt sehr täuschend den Warnpfiff der Gemsen nach.
»Na, hören Sie«, wirft da einer der Bergtouristen ein, »das möchte ich doch erst mal sehen, wie so eine Gemse ein Bein in ihr Maul steckt und pfeift!«

Es freute sich der Urlauber:

»Du, stell dir vor, am Wochenende sollen wir dreißig Grad haben!«
»Ist ja toll! Bist du ganz sicher?«
»Klar... fünfzehn am Sonnabend und fünfzehn am Sonntag!«

Hans-Peter schwelgt in Urlaubserinnerungen: »Und nachdem ich mich in der Pension ins Bett gelegt hatte, kam die bildschöne Tochter der Wirtin und fragte mich, ob ich friere. Ehrlich, ich könnte mich heute noch in den Hintern beißen, daß ich damals nicht gefroren habe!«

*

Der Kurgast schwärmt: »Haben Sie gestern abend auch beobachtet, wie die Sonne als Feuerball in den Waldsee eintauchte, der Himmel erbleichte und die zottigen Wolken wie wilde Schwäne dahinzogen?«
»Nein«, sagt der andere Kurgast kopfschüttelnd, »so besoffen war ich nicht.«

»Das Muster auf der Butter ist heute aber besonders hübsch«, stellt der Gast beim Frühstück fest.
»Nicht wahr?« freut sich der Ober. »Das habe ich auch mit meinem Kamm gemacht!«

*

Gerhard macht Ferien auf einem Bauernhof. Dort gibt es auch das bewußte Häuschen mit dem Herzchen. Gerhard ist allerdings restlos perplex, als er entdeckt, daß das Häuschen gar keine Rückwand hat.
Die Bäuerin beruhigt ihn. »Das macht doch nichts. Vorn ist ja eine Tür, und von hinten kennt Sie hier doch niemand.«

Es stand im Informationsblatt:

Herzlich willkommen in unserer schönen Stadt! Der Verkehrsverein steht Ihnen zu Diensten und erteilt Ihnen jede gewünschte Auskunft. Wenn Sie den Verkehrsverein nicht finden können, so besorgen Sie sich einen Stadtplan; er ist beim Verkehrsverein erhältlich.

Grundner verbringt seinen Urlaub auf dem Land. Bereits am ersten Tag läuft er zur Bäuerin und schimpft: »Ihr Klo ist die reinste Zumutung. Da sind ja ganze Schwärme von Fliegen drin.«
»Beruhigen Sie sich«, antwortet die Frau, »es ist doch erst zehn Uhr. Sie müssen noch etwas warten. Am besten gehen Sie zwischen zwölf und ein Uhr rein, dann sind die Viecher alle in der Küche.«

ENTSCHULDIGUNG, KÖNNEN SIE MIR SAGEN, WIE SPÄT ES IST?
TUT MIR LEID, ICH BIN AUCH NICHT VON HIER.

Sehr von oben herab zeigt ein Gast mit dem Finger auf die Speisekarte, wo das Wort »Omelet« steht, und meint knapp: »Omelett mit zwei t.«

Der Kellner verschwindet und bestellt laut und deutlich: »Ein Omelett, zwei Tee!«

Es sagte der Tourist:

»Sie schreiben in Ihrem Prospekt, Ihr Hotel liege achtzehnhundert Meter hoch – letztes Jahr haben Sie doch nur vierzehnhundert Meter angegeben!«

»Da sehen Sie mal, wie ich das Hotel innerhalb eines Jahres in die Höhe gebracht habe!«

Mit heißen Köpfen diskutieren die Einheimischen im Gasthof des kleinen Kurortes.

»Immer diese Fremden!« schimpft einer. »Sie sitzen an unseren besten Tischen, trinken unser gutes Bier, und jetzt hat mir einer auch noch die letzte Kalbshaxe wegbestellt!«

»Wer ist denn dieser unfreundliche Mensch?« fragt ein Urlauber.

»Ärgern Sie sich nicht«, meint der Wirt lakonisch, »das ist nur unser Vorstand vom Fremdenverkehrsverein...«

*

Marlies verbringt ihren Urlaub in einem kleinen Dörfchen in den Bergen. Als die Glocken läuten, fragt sie den Wirt des Hotels: »Warum läuten denn jetzt die Glocken?«

Der Wirt mustert sie etwas erstaunt, dann murmelt er: »Weil einer unten dran zieht!«

Urlaub auf dem Bauernhof. Der Tourist sieht interessiert zu, wie abends die Kuhherde von der Weide kommt und in den Stall geht.

»Das ist ja fabelhaft«, begeistert er sich, »wie die Kühe immer sofort ihren eigenen Platz finden.«

Der Bauer zuckt mit den Schultern und meint: »Was ist denn daran so fabelhaft? Über jedem Platz steht doch der Name der Kuh!«

*

Der Hoteldirektor hört, wie der Portier zu einem Gast sagt: »Nein, haben wir nicht.«

Sofort schaltet sich der Chef des Hauses ein: »Aber natürlich haben wir es. Wir lassen es sofort besorgen!«

Der Gast dankt offensichtlich verblüfft und geht.

»Was wollte er denn?« fragt der Direktor ärgerlich.

»Er wollte nur wissen, ob wir hier viel Regen haben...«

*

»Für mich ist und bleibt der Nordseestrand das schönste Fleckchen auf Erden«, erklärt der Kegelbruder voller Überzeugung.

»Dann fahren Sie wohl oft hin?« fragt ein anderer.

»Nein, ich nicht – meine Frau!«

*

Die Urlauberin muß bis zum Bahnhof ihres Urlaubsortes eine halbe Stunde gehen. Als sie endlich ankommt, stöhnt sie: »Hätte man den nicht etwas dichter beim Ort bauen können?«

»Schon«, erwidert der Stationsvorsteher, »aber wir haben halt gedacht, ein Bahnhof sollte nicht allzu weit von den Schienen entfernt sein.«

»War es auf dem See nicht herrlich?« fragt die Urlauberin den einheimischen Ruderer nach der Bootsfahrt.
Er strahlt sie an. »Schon. Aber im Bett wär's halt bequemer gewesen!«

*

»Können Sie mir einen ungefährlichen Weg zum Berggipfel zeigen?« fragt die Urlauberin den Wirt ihres kleinen Gasthauses.
»Da gehen Sie einfach dem Kuhmist nach«, empfiehlt der Wirt. »Wo das Rindvieh sich hintraut, kann auch Ihnen nichts passieren.«

*

»Wann wird bei Ihnen gegessen?« fragt der Hotelgast an der Rezeption.
»Frühstück von sieben bis zehn Uhr, Mittagessen von elf bis fünfzehn Uhr, Kaffee von fünfzehn bis siebzehn Uhr und Abendessen von achtzehn bis zweiundzwanzig Uhr«, antwortet der Hotelangestellte.
»Schade«, seufzt der Urlauber, »eigentlich wollte ich mir ja auch noch die Stadt ansehen.«

*

»Wie war's denn beim Wintersport?« wird der Urlauber gefragt.
»Das Skigelände war großartig, aber die Verpflegung!« sagt er kopfschüttelnd. »Ich habe bei einem Bauern oben am Hang gewohnt. Am ersten Tag gingen drei Hühner ein. Da gab es tagelang nur Brathuhn. Dann verendete ein Kalb. Danach gab's nur noch Kalbfleisch. Schließlich wurde die Großmutter krank – da bin ich vorsichtshalber abgehauen...«

»Wie herrlich frisch doch die Luft am Morgen im Schwarzwald ist!« gerät sie ins Schwärmen.
»Ist doch kein Wunder«, knurrt er, »sie war schließlich die ganze Nacht draußen!«

Humor in allen Lebenslagen

(2773)

(2783)

(2782)

(2653)

(2651)

(2650)